2013 年国家社会科学基金项目（批准号：13BGL048）

中小企业集群互助担保融资及违约治理研究

徐 攀 / 著

Research on Mutual Guarantee
Financing and the Default Risk Management of
SMES CLUSTER

中国财经出版传媒集团
经济科学出版社
Economic Science Press

前言

　　中小企业是推动国民经济发展的重要组成部分，其在推动中国经济社会发展过程中发挥着不可或缺的作用。然而，在现有的金融体系下，由于缺少融资平台以及有效的融资担保机制，众多的中小企业面临着资金缺口大、融资难等问题。互助担保融资是中小企业获取发展资金的主要方式之一。互助担保能够有效降低银行等金融机构的贷款风险，减少管理成本，提高担保风险的可控性，缓解银企之间的信息不对称问题，实现担保风险的可预计性。然而，互助担保融资交织着规模、价格、结构以及违约等风险，且违约风险在企业之间具有广泛的传染性，使得该市场存在潜在的债务危机和信用风险。如何利用产业集群的融资优势采取互助担保模式进行融资，从而有效缓解中小企业融资难的问题，引起了政府与社会各界的广泛关注。

　　国家社科基金项目"中小企业集群互助担保融资及违约治理研究"（编号：13BGL048），按照"理论基础—现状调查—案例剖析—模型设计—实证检验—政策推进"的分析框架层层递进，系统地对中国中小企业集群互助担保融资行为的运行情况进行了梳理，并采用中小企业中间层面和广义层面定义的担保数据和财务数据，运用 STATA、MATLAB 统计分析软件，建立数学模型找出和验证中国中小企业互助担保融资的诱因、互助担保与融资约束的关系、过度担保的影响因素以及违约风险的传染机理等，运用不同地区典型案例调查所得的数据进行稳健性测试，规范与实证相结合，验证了研究结论的客观可靠。主要内容和重要观点如下。

第一，中小企业集群互助担保融资有理论基础与实践环境。通过文献梳理发现，社会资本理论、信息不对称理论、交易成本理论、风险传染理论能够分别论证中小企业集群互助担保融资的必然性、合理性、固有的信用风险以及可能发生危机的"多米诺骨牌效应"。通过与企业高管、民间金融机构的访谈以及问卷调查，发现社会资本的存在是中小企业集群互助担保融资产生的诱因，而正规金融机构的融资约束加剧了互助担保的繁荣；过度担保增大了金融市场的信用风险，担保链中固有的风险传染性造成了中小企业集群互助担保融资信用危机的"多米诺骨牌效应"；根治中小企业集群互助担保融资违约危机应从集群微观层面和制度环境层面双向入手。

第二，中小企业集群互助担保融资方式存在有其合理性。通过大量的典型案例分析发现：一是横向型互助担保有存在的合理性，企业之间具有行业相同，产品或为互补、或为竞争的关系，由于生产周期相近，资金需求也会趋向同步，更适于结成互助担保关系，从而便于内部企业获取融资，同时，由于行业相同或相近，彼此之间的相互了解可以避免信息不对称带来的信用风险；二是纵向型互助担保有其存在的优势，企业处于同一产业的上、中、下游，具有比较明显的供需关系，资金需求上存在着周期性差异，利用人缘、地缘优势开展互助性融资业务，组成合作性的融资机构，如信用合作社或资金互助社等，比较容易解决产业集群内的资金需求。

第三，中小企业集群互助担保融资可能产生的经济后果。通过典型案例分析发现，中小企业集群互助担保融资具有积极和消极的两面性：一方面，由于集群内企业之间密切的利益关系以及"血缘"关系，个别企业在经营效益下降，甚至出现财务危机的情况下，通过互助担保依然能够获得资金；另一方面，集群内企业间互助担保关系还会起到传播和扩散金融风险的效应，中小企业集群社会资本虽然随着社会网络的构建可以快速形成，但也会因为企业的违规行为而迅速被削减甚至摧毁。单个企业出现信誉或财务危机，可能会产生"多米诺骨牌"似的连锁反应，导致区域金融风险的爆发，给金融体系带来严重的经济后果。

第四，中小企业集群互助担保融资效率与环境具有高度相关性。中小企业集群互助担保融资现状揭示：中小企业参与互助担保融资的担保频率高、担保金额大、盈利能力相对较差；过度担保现象较为严重，很多中小企业的净资产担保率达到100%以上，甚至超过200%。实证研究表明：中小企业互助担保行为之间的相互影响包括传播效应（正向影响）和抑制效应（负向影响）两个方面，不同行业中小企业的互助担保行为不具有可比性；股权集中度越高越有利于缓解企业的融资约束，企业规模越大越易加剧其融资约束，资产担保价值越高企业越易加剧其融资约束；股权集中度、高管持股比例、董事持股比例与过度担保呈显著负相关。

第五，中小企业集群互助担保融资违约治理需多向发力。一是政府部门加强政策引导，分别从强化民间资本发展的引导机制、加大对担保机构的监管力度、构建企业信息共享平台、建立互助担保风险补偿机制等方面加大力度。二是规范金融机构的运作机制。分别从严格授权审批制度、完善贷后风险控制措施、建立跨行信息流通机制等方面加强指导。三是提升担保机构的业务管理能力。分别从优化担保机构的业务流程、提高机构的契约管理水平、构建系统风险的共担机制、完善机构的风险准备金制度等方面加强管理。四是提高集群企业的公司治理能力。分别从增强企业自身经营实力、制定科学的担保管理制度、不断完善内部监管体系等方面进行提升。

本书的研究成果揭示了中小企业集群互助担保融资的诱因、过度担保导致的融资危机以及违约行为的治理难题，弥补了长期以来只注重研究互助担保融资的模式与效率，而忽视过度担保可能导致担保链条风险传染甚至断裂的严重后果；同时，不仅弥补了学术研究的不足，而且为根治中小企业集群互助担保融资违约危机提供了较为系统的理论指导。

本书研究的关键是中小企业集群互助担保融资的相关数据，但是由于获取资料渠道的有限性，本书的研究结论仅在对中小企业集群和互助担保融资范围的定义下成立，主要从中间层面和广义层面的互助担保融资数据进行实证分析。因此，对中小企业集群互助担保融资的后续研究仍需进一步的改进和完善。

第一，本书首次引用了空间计量经济学模型研究中小企业集群互助担保融资行为的相互作用，并进行了估计和计算，然而，本书对空间计量学与中小企业集群互助担保融资行为之间的理论联系缺乏分析。随着空间计量分析方法的多样化，可以进一步增加基于空间计量模型研究中小企业集群互助担保融资的严密性。

第二，本书构建了更适合中国中小企业集群融资约束的测度指标。中小企业集群互助担保加剧了企业融资危机是本书的主要结论，但是，不同融资模式下，集群互助担保率与企业融资约束的关系并不确定。中小企业集群互助担保率与企业融资约束的关系可能会因为集群互助担保公司、集群互助担保协会以及集群内企业间轮流信用融资等不同集群互助担保融资模式而不同。因此，集群互助担保率与企业融资约束的关系应进一步细分样本进行实证检验。

第三，本书主要从股权结构的角度，选取影响中小企业集群融资过度担保诱因的相关因素并做实证研究，而对一些特别的因素如政府、银行等未做相关实证分析，在研究上可能存在片面性，因此后续研究需要构建完整的研究模型，从而更准确、更专业地阐述中小企业集群融资过度担保的诱因。

目录

第 1 章
绪　论

1.1　研究背景、研究路径及意义

1.1.1　研究背景

中小企业是国民经济的重要组成部分，在中国经济发展过程中，中小企业发挥着重要的作用。在 2011 年，由于全球性的金融危机，中国众多中小企业几乎都面临着资金缺口较大、融资困难等许多问题。然而，中国证券市场门槛高、中小企业缺少融资平台以及有效的融资担保机制，使得中小企业很难从资本市场和金融机构筹集资金及贷款，因此众多中小企业将目光转向了民间借贷。但是，中国现行的法律法规尚未对民间借贷进行明确规范，导致其存在众多潜在风险，要想从根本上解决这一难题还需要系统的学术研究。

2015 年由中国社会科学院财经战略研究院、中国城市百人论坛、社科文献出版社与中国社会科学院城市与竞争力研究中心联合发布的《城市竞争力蓝皮书：中国城市竞争力报告 No. 13》中明确指出：产业集群是一条和谐崛起的希望之路。大量国外实践经验也表明，产业集群对国家和区域经济的发展具有非常明显的积极影响。在中国，中小企业集群在社会发展中扮演着越来越重要的角色，也正因如此，如何为中小企业提供良好且有效的融资渠道问题，引起了政府、学术界等社会各界的广泛关注。大量科学研究发现，利用产业集群的融资优势，采取互助担保模式进行融资能够有效缓解中小企业融资困难的问题。

1.1.2　研究的路径及意义

本书的研究路径：首先，分析当前中国中小企业集群互助担保融资的理论基础和现状；其次，分析互助担保融资的诱因、互助担保与融资约束的关系、过度担保的诱因以及互助担保融资违约风险的传染机理等并提出研究假设，运用 Stata、Matlab 统计分析软件，建立数学模型来找出和验证已提出的研究假设；最后，根据研究结果提出相关政策建议。

本书以定性与定量相结合的方法对中国中小企业集群互助担保融资进行理论研究和实证分析，具有重要意义。一是虽然国内外对融资担保的研究较多，并且已经有了丰富的理论成果，但是针对中小企业集群互助担保融资的研究较少，特别是关于互助担保融资的诱因、过度担保的诱因、互助担保融资违约风险的传染机理及治理等方面的研究成果不多。因此，本书对中小企业集群互助担保融资的研究成果能够在理论上进一步完善融资担保理论。二是通过建立数学模型对现有条件下中小企业集群互助担保融资进行了具体的实证研究，检验本书所提出的中小企业集群互助担保融资诱因、集群互助担保与融资约束的关系、过度担保的诱因以及互助担保违约风险的传染机理等研究假设，为中小企业集群互助担保融资后续的发展提供经验数据和政策依据，从而有效促进中小企业集群互助担保融资的健康发展。

1.2　国内外研究现状

1.2.1　集群融资优势

1. 国外研究

国外学者认为集群融资优势体现在三个方面：降低融资成本、增强信息的可利用率及降低企业的融资风险。

关于集群融资可降低融资成本的研究，罗森菲尔德（Rosenfeld，1997）比较了集群内与集群外的信息流通机制的差异，认为集群内畅通的信息流动机制使得集群内企业融资成本更低，融资效率也更高。法比亚尼等（Fabiani et al.，2000）对集群企业与非集群企业在企业融资上的差别进行了对比分析，认为集群企业能够降低企业的融资成本。关于集群融资可增强信息的可利用率的研究，贝赞可等（Besanko et al.，1987）提出了互助担保融资模式增加了企业担保融资的可利用率。贾尔斯·戈什蒂（Giles Golshetti，2003）研究发现，金融服务集群形成的相关机制的运作，能进一步加强对中小企业集群的信息支持，以此提高中小企业融资信息的可利用率。关于集群融资有利于降低企业融资风险的研究，波特（Porter，1998）推出了"钻石模型"，分析得出企业集群融资能够降低地方金融机构和投资者的资金风险的结论。凯瑟琳·曼利（Kathryn Manley，2005）认为集群内企业在获得风险投资上具有信息、社会关系等方面的优势，而集群外企业则容易遭受融资壁垒。

2. 国内研究

国内学者认为，现有中小企业集群融资的优势主要集中在集体理性优势和信贷优势。

关于中小企业集群融资具有集体理性优势的研究。赵强（2005）认为，中小企业集群内企业具有"高信用度、高回报率"的集体理性优势。任志安和李梅（2004）论证了中小企业集群具有集体理性的优势。潘楚楚和杨宜（2007）对适合高新技术中小企业的担保融资模式进行了探讨，认为互助式信用担保融资模式可以大大降低协作金融机构和担保机构的融资风险，证实了中小企业集群融资具有集体理性优势。

关于中小企业集群融资具有信贷优势的相关研究。李玥和楼瑜（2006）基于动态博弈模型结果指出，集群企业与协作金融机构之间能够建立起长期稳定的信任合作关系。杜传文（2004）认为集群企业的信贷优势有利于提高中小企业的融资效率。巴劲松（2007）以"浙江模式"的经验为例，认为互助担保融资模式具有信贷优势。彭佳和吴小瑾（2008）分析认为集群互助担保的融资模式能帮助集群内中小企业实现其融资需求。罗正英（2010）分析认为中小企业集群的优点主要体现在可以减少金融机构的信息不对称性、降低交易成本和信贷风险以及提高收益。赵秀芳和周利军（2003）从信息不对称的角度系统阐述了集群融资能够降低企业的融资交易成本。

1.2.2　集群融资约束

国内外学者对集群融资约束做了大量研究，主要分为以下三种观点。

1. 集群融资有利于减轻融资约束

威廉姆森（Williamson，1975）描述了集群内部各个企业资本市场的融资功能：企业集群能够在集群组织中构建一个内部资本市场，该内部资本市场方便了集群内企业间的融资交易，降低了集群内企业间的融资约束。布特等（Boot et al.，1991）通过研究经理人的投资心理发现，集群担保融资能够抑制经理人投资高风险项目的动机。拉詹等（Rajan et al.，1998）发现，企业集群化发展程度越高越能缓解企业的融资约束，同时，企业集群化的发展还能促进依赖于外部资本产业的成长。星岳雄等（Hoshi et al.，1991）以日本上市公司为样本，按照样本公司是否属于大集群进行分组，对比研究后认为，大集群的企业更容易从外部获得资金来源，从而其融资约束较小。贝斯利等（Besley et al.，1995）分析讨论了集群成员企业间社会资本的受约束情况，认为中小企业通过集群融资可以减少其融资违约概率。国内学者刘小年和郑仁满（2005）的实证研究结果表明，集群担保融资有利于提升上市企业的业绩水平，缓解企业融资约束。德米尔·古克等（Demirguc Kunt et al.，1998）和克莱森斯等（Claessens et al.，2003）进一步研究表明，企业集群化发展不仅可以有效提高融资效率，而且可以提高资金投资的会计信息使用者有效获得企业投融资决策真实信息的程度，这使得企业能够更加容易地获得外部资金以及市场资源，从而缓解了企业的融资约束。

2. 导致企业融资约束加剧的重要原因是集群担保

郑海英（2004）通过典型案例研究表明集群担保阻碍了上市公司的发展状态。薛爽和王鹏（2004）的研究结论表明，上市公司集群间的担保与其业绩呈负相关关系，认为集群担保融资会加剧企业的融资约束。吴艳华（2008）实证研究表明，因为企业参与集群担保，进而承担集群内其他企业的连带赔偿责任，增加了企业的财务风险，使企业陷入融资约束。

3. 集群融资与融资约束之间的关系

集群融资对企业融资约束的影响表现在两方面：一方面，集群融资有助于提高企业的融资效率，缓解企业的融资约束；另一方面，集群融资给企业带来了较大的风险，加剧了企业的融资约束。布拉齐等（Blazy et al.，2007）认为，低质量的贷款企业发生违约的概率较高，而一旦发生违约，集群内其他企业就将失去担保资产并遭受损失。也就是说，集群互助担保对集群内经营效益差的企业具有缓解融资约束的作用，而对于经营效益好的企业来说，互助担保可能是引起其融资约束的一个不利因素。饶育蕾等（2008）借鉴 LLSV（La Porta、Lopez-de-silanes、Shleifer and Vishny）的掏空模型，建立了控股股东持股比例与掏空程度的分段函数关系，并通过实证研究发现：当大股东持股比例低于 60% 时，集群互助担保掏空了上市公司，导致上市公司的融资约束；当持股比例高于 60% 时，集群互助担保产生了显著的利益协调效应，能有效抑制掏空，从而缓解企业融资约束。

1.2.3　互助担保融资的模式

1. 国外研究

关于担保机构研究，沈壹赫（Ilhyock Shim，2006）、鲁吉（Rugy，2007）认为，担保机构能有效缓解贷款者与借款者之间的信息不对称，降低贷款者获取信息的成本。塞尔瓦托·泽奇尼和马尔科·文图拉（Salvatore Zecchini and Marco Ventura，2009）提出，担保机构不仅可对需要担保的企业信用状况作深入评估，还可对提供担保贷款后的企业信用状况进行密切监控。德拉戈米尔和马里亚娜·特拉菲尔（Georgeta Dragomir and Mariana Trandafir，2011）、图尔盖·盖瑟（Turgay Gecer，2012）研究表明，担保机构不仅为中小企业提供了有利担保，而且还提高了金融服务体系的效率。山里幸雄和大卫·麦克米伦（Nobuyoshi Yamori and David McMillan，2015）以日本中小企业信用担保机构为例，通过问卷调查发现，信用担保机构能有效防止经济崩溃。

关于银行与担保机构的协作研究。赖丁和海恩斯（Riding and Haines，2001）认为，银行与担保机构协作有利于中小企业生产发展，不仅能降低银行的贷款成本，而且能提高中小企业、担保机构的收益。德克尔和克莱泽（Dekle and Kletzer，2003）提出，银行不愿意承担风险，因此将所有担保风险转嫁给担保机构，不利于日本信用担保业务的发展。陈永宁（Yehning Chen，2006）、阿森德·德瓦（Azende Terungwa，2012）、多德森·查尔斯（Dodson Charles，2014）的研究认为，银行与担保机构之间相互协作，既能提升中小企业的信用，还能提高银行、担保机构的收益。王蒂（Wang Di，2014）提出构建一个动态反担保模型，即在政府支持下银行、担保公司、中小企业合作的担保体系，并认为通过该模型可控制银行贷款信用风险，加强银行与担保机构之间的协作，帮助解决中小企业的融资问题。

还有学者研究了其他融资担保模式。克雷格和杰克逊（Craig and Jackson，2006）提出，美国政府设立了中小企业管理局，目的是能为中小企业融资贷款提供担保。孙素英和金弘湜（So Young Sohn，Hong Sik Kim，2007）提出，韩国政府为扶持中小企业，建立了政府信用担保基金。乔瓦尼和阿尔贝托（Giovanni and Alberto，2012）以意大利互助担保模式为例，对不同风险类型的中小企业参与的互助担保组织的运行模式进行博弈分析，认为当互助担保组织达到一定规模后，其成员主要由低风险型企业组成。

2. 国内研究

关于互助担保研究。苏旺胜和施祖麟（2003）提出，中小企业应依靠集群实现互助担保。洪金镖（2005）提出，可通过行业公会渠道实现中小企业互助担保。沈红波（2008）认为，建立"中小企业联保"模式既能满足中小企业的资金需求，又能分散金融风险，实现金融机构与中小企业之间的双赢。刘加勇（2008）提出，可以建立一种中小企业集群"联户联保贷款"模式。刘蕾、高长元和鄢章华（2011）提出构建一种高技术虚拟产业集群的融资担保模式。黄东坡（2012）设计出一种新的中小企业融资担保模式，即以中小企业联盟为纽带，以信用为基础，按照互助担保的方法，通过主办银行获得融资。

关于网络联保研究。吴小瑾（2008）提出一种类似于网络结构的中小企业集群融资平台，该融资平台包括中小企业、担保机构、信用协会、征信机构等。牛军（2012）以河南工业园区为例，提出"园区信用联合体"模式。潘永明和全云丽（2014）认为将担保制度引入网络联保融资模式中能降低中小企业的违约率。芦彩梅和徐天强（2015）提出一种新的中小企业集群网络融资模式，即"4A＋1C"模式（4A 为中小企业集群、政府、金融机构、民间群体；1C 为中心信息网络平台）。谢奉君（2015）认为，通过电子商务平台，由银行为中小企业提供信用担保，既能降低中小企业贷款的门槛，也能增强对低风险中小企业的甄别能力。

还有学者研究了其他融资担保模式。郑彬和赵祥（2009）、胡妍（2010）、张婷（2013）等提出建立中小企业信用担保公司。孙琳和王莹（2011）提出，建立一种新的中小企业集合债多级担保模式。高连和和董倩（2014）建议成立集群财务公司。朱佳俊、李金兵和唐红珍（2014）提出了三种保证资产收购价格机制（certified asset purchasing price，CAPP）下的融资担保扩展模式：以银行金融机构为主导的、合作企业机构为主

中小企业集群互助担保融资及违约治理研究

导的及政府参与的 CAPP。刘兴亚（2015）提出，安徽省在全国率先推出"4321"[1] 新型"政银担"合作模式，有效解决了小微企业的融资难问题。

1.2.4 互助担保融资的诱因

1. 国外研究

（1）银行规模。贾亚拉特纳和沃尔肯（Jayaratne and Wolken，1999）通过实证研究得出银行规模与银行对中小企业的贷款比率表现为显著负相关关系，规模小的银行相比于大银行更倾向于为中小企业提供贷款服务。班纳吉等（Banerjee et al.，1994）研究认为，中小型的金融机构能够为中小企业提供更多的资金支持，小规模的金融机构更容易建立起持续顺畅的信息交流和业务交流。戈什蒂（Golshetti，2003）以中东地区为例，指出金融机构的分布较为集中可以进一步加强对中小企业的支持。伯杰（Berger，2003）也指出，中小银行的组织结构在关系型贷款方面强于大银行。

（2）社会成本。蒙哥马利（Montgomery，1996）首次把"社会资本"这一概念引入小额贷款领域。这方面的研究最具代表性的是贝斯利和科特（Besley and Coate，1995），两位学者对连带责任对借款人还款积极性的影响进行了探讨，研究了组织贷款成员企业通过彼此存在的社会资本，对组织中出现债务拖欠的成员企业施加"同伴压力"。波兰尼（Polanyi，1992）指出社会资本是一种有助于两个或多个个体之间相互合作的非正式制度和规范，它通常与诚实守信、履行义务和互惠互利等美德存在联系。随后，迪恩（Dean，2007）和法比奥（Fabio，2009）研究认为，社会资本的存在增强了成员企业之间的相互监督，社会联系所产生的压力改善

---

[1]　"4321"是针对安徽省内小微企业提供的单户 2000 万元以下的融资性担保业务，一旦发生代偿，安徽省辖区内各市县承办的政策性担保机构承担 40%，安徽省信用担保集团有限公司（再担保）承担 30%，合作银行承担 20%，所在地方政府财政分担 10%。

了组织内成员企业的信用表现。也就是说，社会资本越多的组织，其成员企业的履约率就越高，社会资本有利于增进信任、促进自组等行为。

（3）约束机制。贝斯利和科特（Besley and Coate，1995）等比较倾向于社会惩罚的约束机制的研究，引入了惩罚变量对企业融资行为进行分析，研究认为在引入社会惩罚机制后，组织贷款的履约情况有了明显好转。斯蒂格利茨（Stiglitz，1990）提出了"成员监督"这一概念，认为在无限责任的背景下，成员监督是约束成员企业不良行为的有效手段，担保人更倾向于对他人进行自发的监督，然而这个监督要实现更完备的"成员监督"需要具备一定的激励机制。而埃加斯和里德尔（Egas and Riedl，2008）则认为集群形成的区域品牌、集群网络内含有的互补性资源及其他派生资源，是构成集群内企业的社会资本发挥约束作用的基础。

（4）其他诱因。除了上述列举的因素外，影响中小企业互助担保融资的因素还有很多，如卡尔和徐（Cull and Xu，2005）、田溯和埃斯特林（Tian and Estrin，2008）认为，国有企业参与担保融资的可能性更低。乌齐和吉莱斯皮（Uzzi and Gillespie，1998）研究指出，贷款企业与放款银行之间关系的质量以及贷款企业与其他银行的网络结构关系也会影响企业的贷款成本。法乔（Faccio，2006）通过分析跨国数据发现，由于政府为拥有政治关系的企业融资提供了隐形担保，拥有政治关系的企业能够获得更多的银行贷款以满足资金需求。克雷格等（Craig et al.，2006）在研究美国小企业管理局贷款担保计划时，发现当地的年就业水平与小企业管理局担保贷款水平有显著的正相关关系，而且在低收入水平的市场中，正相关关系表现得更为明显。科伦巴等（Columba et al.，2008）指出，互助担保组织的规模对组织内成员企业的融资效果影响很大，互助担保组织的规模需要控制在适当的范围之内才能保证互助担保组织的良好运行。

2. 国内研究

（1）区域文化。张媛（2011）研究认为文化的影响不仅表现在企业风险偏好层面，而且会形成无形的软机制约束来规范人们和企业的行为。深受区域文化影响的当地民众和企业有着强烈的意愿参与商业经济活动，使得中小企业经济更为发达，内在化的文化能够系统性地影响人们和企业的决策选择，远比外部机制的影响更为深刻。钱勇和洪福生（2009）分析尧都融资模式运行情况后认为，晋商文化能够很好地解决社区银行对于软信息获取与还款保障的问题，同时有效缓解当地中小企业融资难问题的"尧都模式"对晋商文化具有显著的依赖性。张代军（2010）对辽宁、浙江两个省份的中小企业融资进行比较研究，指出不同的区域文化造成了两省中小企业不同的发展道路，区域文化有效地引导当地企业大力发挥企业集群效应，寻求新的融资渠道，让中小企业融资难困境得到了一定程度的缓解。

（2）社会资本。赵瑞（2012）以社会资本理论为切入点，利用2004～2010年沪深两市上市公司数据进行实证分析，研究了社会资本这一特殊资源对企业融资行为影响的机理。研究指出，社会资本能够有效缓解企业融资过程中的信息不对称、借贷双方的交易成本过高、道德风险过大等问题。

吴小瑾和陈晓红（2008）的研究将社会资本理论纳入其中，运用实证研究证明了拥有较多社会资本的中小企业的信用水平更高，同时也具有更为良好的融资环境。曾江洪和刘欣（2011）研究了社会资本在网络联保信贷中的作用机制，分析指出企业在参与互助团体贷款选择合作伙伴时应该避免成员企业都来自相同行业或相关性较强的行业。

（3）约束机制。薛钰显和王东超（2013）从博弈论的角度详细分析了担保机构之间如何进行风险分担，并通过模型计算出再担保机构的合理风险分担比例为78.45%，担保机构的合理风险分担比例为21.55%，为中小企业担保机构制定合理的风险分散机制提供了理论依据。周怀峰和黎日荣（2011）指出，联保贷款组织规模存在着成员数目的限制，成员企业数量过多会增加联保组织内部的谈判成本和组织的管理成本，这会降低联保贷款模式的运作效率。

黎日荣和周怀峰（2011）研究指出，中小企业的融资决策不仅会受到短期经济收益目标的影响，还会受到所处社会环境约束的影响。而信任机制、声誉机制和规范机制本质上都属于社会约束机制。该研究结果表明，在长期合作中，信任机制和声誉机制均会改变中小企业的融资决策，使得中小企业在贷款中变得守信，企业的诚信行为又强化了金融机构对本企业的信任，进而增加了金融机构对本企业的授信率，提高了中小企业的融资成功率。

（4）其他诱因。冯根福和马亚军（2005）研究认为，在企业担保行为中，企业可供抵押和质押的资产越少，企业越倾向于实施信用担保贷款。企业的信用担保行为使企业所面临的风险加大，当企业拥有较多的资产能够为贷款提供担保品时，企业会选择风险低、容易获得贷款的抵押或质押贷款模式进行融资，而不依赖于高风险的信用担保贷款模式。刘小年和郑仁满（2005）指出，资产负债率与对外担保呈显著正相关关系，财务杠杆高的企业更有可能依靠担保圈进行融资。财务杠杆和企业实施担保行为之间呈现出一种正向的关系。阎竣和陈传波（2008）研究认为，企业主的政治身份有利于企业从国有银行获取贷款，具有显著的正向效应。蔡吉甫（2013）以 2003～2010 年民营上市公司的数据为样本实证证明：银行贷款与企业的商业信用筹资呈显著负相关关系，且这种负相关性在政治关系良好的民营企业中的体现强于政治关系薄弱的民营企业。

1.2.5　互助担保融资的经济后果

1. 正向经济后果

国外学者杰和赫什马提（Jae and Heshmati，1998）发现信用担保可以使被担保公司经营表现良好。赖丁和海恩斯（Riding and Haines，2001）以加拿大中小企业联邦担保贷款的相关经济效应为例，得出担保贷款与中小企业盈利能力呈显著正相关。科伦巴·弗朗西斯科等（Columba Francesco et al.，2010）提出，中小企业加入互助担保能有效解决其融资需求。同时，拉西亚·德维纳加和谭德明（Rasiah Devinaga and Teck Ming Tan，2012）证明了贷款担保项目降低了中小企业的融资成本和融资风险，中小企业得到了快速发展。当泰平（Dang Thai Binh，2015）研究发现，匈牙利的信贷担保机构不仅解决了中小企业的融资需求，也对匈牙利的经济产生积极的影响。杜尔穆斯·乔勒·耶尔德勒姆等（Durmus Cagr Yildirim et al.，2015）对土耳其的中小企业融资问题进行研究，发现信用担保机构在1990～2014年间为中小企业提供了很多融资机会。

国内学者边磊（2011）认为，那些未达到银行信贷条件的低层级中小企业运用互助联保组织达到信用增强的目的，获得银行的信任，并成功获取银行的贷款资金，填补了中小企业的资金缺口，给互助联保团体带来了经济增长。罗霞（2011）提出，中小企业参与互助担保融资有利于银行对中小企业软信息的获取，有利于互助组织获取规模经济效应，有利于行业整体信用水平的提高等。李信见、袁雪莉和姜全（2012）对山东省烟台市的"牟平模式"进行了研究，认为其优势在于有利于中小企业快速地获取融资贷款，并能降低中小企业的融资成本，从而促进中小企业的持续经营。

2. 负向经济后果

国外学者贝斯利和科特（Besley and Coate，1995）认为，当互助担保团体整体违约时，即使有部分企业愿意履行还款义务，在其他违约企业的带动下也会出现违约行为。清泷（Kiyotaki，1997）提出，如果一个企业违约，就可能导致与其相关的一连串企业倒闭。贾罗和余（Jarrow and Yu，2001）提出，违约受宏观经济因素、企业之间关系等的影响。考林和米切尔（Cowling and Mitchell，2003）通过研究表明，担保违约会增加银行的资金成本。帕特里克·贝尔和安德烈·居特勒（Patrick Behr and André Güttler，2007）、莫恩和索恩（Moon and Sohn，2010）发现，中小企业的贷款存在高违约率。诺鲁瓦和埃梅卡（Noruwa and Emeka，2012）也证明了中小企业贷款违约率高，为小额信贷银行带来了严重的后果。凯文·考恩等（Kevin Cowan et al.，2015）对中小企业的担保贷款违约率进行了研究，发现选择担保的企业比没有选择担保的类似企业更容易发生贷款违约，具有高违约率的企业获得担保贷款时也更容易发生逆向选择。

国内学者郭琪（2010）、陆岷峰和栾成凯（2012）、牟彩艳（2013）认为，若互助担保组织内某一成员企业在银行贷款过程中出现逆向选择行为，则会导致其他成员企业效仿其行为，从而给组织内所有成员企业带来损失。彭锡光和焦瑾璞（2014）提出，"担保 + 小额信贷"模式并非完全有效。文学舟和吴永顺（2014）发现，中国政策性信用担保机构在支持中小企业融资过程中存在很多问题，如政府扶持力度有待加强、风险分担机制不够完善等。霍震涛和霍源源（2015）发现担保链存在的风险时担保比重较高等。吕劲松（2015）提出，作为银行贷款资金安全保证之一的担保，实际上并没有真正让银行贷款获得安全保障，反而扩大了银行信贷风险，甚至成为区域性金融风险的诱因。

此外，国内部分学者利用上市公司公布的担保数据证实了上市公司存在过度担保。冯根福等（2005）和陈宏（2006）都以 2000~2004 年深沪市公布担保的公司为研究对象，发现涉及担保的公司数量多、担保金额大，逾期担保、涉诉担保、违规担保逐年增加，并存在大量恶意担保行为。汪子文等（2006）以 2001~2005 年深沪市涉及担保的公司为研究对象，发现业绩比较差、财务风险比较大的上市公司更需要担保。

1.2.6　小结

结合以上文献可以看出，中小企业集群担保融资是金融经济学前沿科学领域的热点之一。从研究成果来看，国外学者的研究主要集中在以银行为媒介的中小企业融资担保问题上，关于互助担保这种融资担保模式的研究文献较少。而国内学者在这方面做了大量研究，很多国内学者认为，利用集群融资优势构建互助担保组织的融资担保模式能够有效缓解中小企业融资难的问题，研究成果主要集中在互助担保模式是否具有且具有怎样的融资优势、应该采取什么样的模式顺利开展中小企业集群互助担保融资、互助担保组织的建立与运行等问题上。然而国内学者大多以博弈理论来定量研究中小企业互助担保的融资行为，但是定量研究也存在着一些缺陷，如模型构建的前提假设可能比较严格，使得研究的预测结论对于模型基本假设的变化十分敏感，构建模型时使用变量的差异或者定性研究角度的差异都有可能推导出不同甚至相反的研究结论。因此，对中小企业集群互助担保融资模式进行简单的定量或定性研究均是不全面、不准确的。

综上所述，现有的研究文献大部分是对中小企业集群互助担保融资机制建立的原则性问题进行的研究，而对中国中小企业集群互助担保融资机理的研究文献较少，实证方面的研究就更加稀少。特别是对于中小企业实施互助担保融资行为将会产生的经济后果的研究，只是阐述了互助担保这一融资模式可能对中小企业、金融机构和当地政府产生的积极作用，以及可能带来的担保危机连带反应，而对中小企业集群互助担保融资行为诱因的变化所引起的经济后果的研究偏少。从中小企业集群来看，集群内中小企业偏爱选择互助担保融资方式的原因是什么？中小企业集群互助担保融资模式的发展现状如何？互助担保融资将会产生怎样的经济后果？到底哪些因素影响中小企业实施互助担保融资？哪种研究模型更为合适？针对这些问题，现有文献都较少涉及。目前，中国的市场经济体制还存在不规范、不成熟的现象，因此，立足于中国基本国情，调研中国中小企业集群互助担保融资模式的现状，对中小企业集群互助担保融资的发展趋势及其经济后果进行深入研究和分析，充分发挥互助担保融资优势，弥补其不足，以有效满足中小企业融资的需求，正是本书的创新性所在。

1.3 研究方法

1. 文献研究法

中小企业集群互助担保融资是当前一个经济热点问题，通过对国内外文献资料进行梳理、分析和研究，通过理论推演、内容分析、资料统计等方法，形成本书研究的逻辑框架基础。

2. 访谈调查法

以中小企业集群互助担保融资行为的相关方作为研究对象，对长三角地区以及浙江嘉兴市、桐乡市、海宁市等地的中小企业业主、工商业联合会、经济和信息化委员会、商务局、担保局、中小企业局、商会互助基金会、担保公司、小额贷款公司、民间融资服务中心、民生银行中小企业担保促进会、人民银行嘉兴分行以及企业相关管理人员等进行现场访谈或问卷调查，并根据访谈或调查的资料整理获得中小企业集群互助担保融资模式的运行状况、存在的优缺点等。

3. 计量经济分析法

本书通过分析中小企业集群互助担保融资的诱因、互助担保与融资危机关系、互助担保融资过度担保的影响因素、互助担保违约风险的传染机理等问题，提出相关研究假设。同时，收集 2006～2018 年中国深圳证券交易所（以下简称"深交所"）上市的长三角经济圈的 A 股非金融企业的数据，其中，担保数据来源于 Wind 资讯，财务数据来源于国泰安 CSMAR 数据库和锐思金融研究数据库，并运用 Stata、Matlab 软件对样本数据进行描述统计、面板数据回归分析等方法进行实证检验。

1.4 研究创新点

本书的研究创新主要体现在三个方面。

1. 理念的创新

传统意义上的关联企业互助担保融资的逆向选择问题突出，中小企业实施互助担保融资行为频繁，且具有连续性偏好，担保风险较大。而本书选择中小企业集群互助担保融资为研究对象，是在更为广泛的集群概念上研究中国中小企业互助担保融资的相关问题，拓展了传统意义上的相互关联担保的概念，为中小企业集群互助融资过度担保的治理研究提供了一个新的方向。目前相关的研究成果较少，从民间融资区域管理上具有重要的创新意义。

2. 内容的创新

本书在广泛意义上通过建立数学模型对中小企业集群互助担保融资进行实证研究，检验当前所能提出的中小企业集群互助担保融资诱因、互助担保与融资约束关系测度、过度担保诱因、互助担保违约风险的传染机理等的研究假设，为中小企业集群互助担保融资的发展提供经验数据和理论依据，打破了传统意义上的相互担保融资范畴，样本的选取以及数据的获得均为有代表性的地域（长三角地区），这为研究中小企业集群互助担保融资提供了一个较为宽泛的、具有创新性的研究思路。

3. 方法的创新

本书遵循"文献梳理—现状分析—机理研究—模型检验—政策推进"的逻辑思路，从理论上系统研究中小企业集群互助担保融资及违约治理，从实践上整体设计具体方案并进行适用性分析。本书高度重视有代表性的区域样本的统计分析结论以及典型案例的相互印证，实现了实证研究与案例分析的有机结合以及研究目标与研究方案的高度吻合。

1.5　研究内容与章节安排

第1章，绪论。阐述本书的研究背景、研究目的及意义。在回顾国内外研究现状的基础上，构建本书的研究框架及内容安排，并介绍本书所使用的研究方法及创新点。

第2章，中小企业集群互助担保融资的理论基础。首先，分析中小企业集群互助担保融资的制度背景，如法律法规、信贷环境。其次，对中小企业集群互助担保融资的优势进行分析。最后，对重要相关概念进行界定。

第3章，中小企业集群互助担保融资的模式研究。以长三角地区为例，分析和比较目前存在的较典型的五种中小企业集群互助担保融资模式。

第4章，中小企业集群互助担保融资的现状分析。通过中间层面和广义层面，分析中国中小企业集群互助担保融资的基本现状，重点分析中小企业集群互助担保融资存在的问题。

第5章，中小企业集群互助担保融资与其诱因的关系测度。通过建立的多元回归模型和空间计量回归模型，从中间层面和广义层面的互助担保融资对中小企业集群互助担保融资的诱因进行实证研究。

第6章，中小企业集群互助担保与融资约束的关系测度。从融资约束的角度，通过建立多元回归模型，从中间层面和广义层面的互助担保融资对中小企业集群互助担保与融资约束的关系进行实证研究。

第7章，中小企业集群互助担保融资的过度担保与其诱因的关系测度。从股权结构的角度，分析过度担保的诱因以及提出相关研究假设，通过建立 Logistic 模型，从中间层面和广义层面的互助担保融资对中小企业集群互助担保融资中过度担保的诱因进行实证研究。

第8章，中小企业集群互助担保融资违约风险的传染机理分析。从风险传染的角度，分析中小企业集群互助担保融资违约风险的传染渠道，建立 SIRS 集群互助担保网络违约风险传染模型，系统仿真分析风险传染机理，找出其影响因素。

第9章，中小企业集群互助担保融资的违约治理研究。根据已得到的研究结论，分析中小企业集群互助担保融资违约产生的原因，并分别

中小企业集群互助担保融资及违约治理研究

从宏观、微观层面总结问题形成的规律，并提出中小企业集群互助担保融资的治理措施。

第 10 章，结论及展望。阐述本书的主要研究结论，包括理论归纳、经验总结以及研究展望。

第 2 章
中小企业集群互助担保融资的理论基础

2.1 相关概念的界定

2.1.1 中小企业集群

中小企业在各国迅速发展，由于表现出强大的生命力而备受重视。那么，什么是中小企业呢？对中小企业范围的科学合理界定不单是理论研究的基础，同时也是实证研究的依据。理论上来说，中小企业是指生产和交易规模较小的经济单位；实践上来说，可以通过一些数量指标来界定中小企业。但是不管是理论上还是实践中，都很难给中小企业非常明确的界定。由于企业所属的行业与企业自身发展阶段的不一致，大中小企业划分的标准就不尽相同。

意大利、日本等国家是直接使用定量标准即数量指标来定义中小企业范围。英国、美国等国家界定中小企业时，同时使用了定性标准和定量标准。中国对中小企业的范围做出了明确规定，2002 年第九届全国人民代表大会常务委员会第二十八次会议通过，2003 年 1 月 1 日起施行的《中华人民共和国中小企业促进法》第二条明确规定："中小企业是指在中华人民共和国境内依法设立的有利于满足社会需要，增加就业，符合国家产业政策，生产经营规模属于中小型的各种所有制和各种形式的企业。"同时，还提供了中小企业界定标准的主要数量指标：企业职工人数、资产总额、销售额等。中国工业和信息化部、国家统计局、国家发展和改革委员会、财政部研究制定了《中小企业划型标准规定》，以行业为单位，依据资产总额、企业从业人员、营业收入总额等指标，再结合行业的特点制定了"中小企业"划分的具体标准。本章依据 2011 年《中小企业划型标准规定》对中小企业进行界定。

中小企业集群一般是指相关产业或某一特定领域内大量相互联系的中小企业及其支持机构组成的空间内的集合，相互之间形成彼此竞争和协作关系的一种现象。然而，由于集群理论涉及的学科很多，研究框架和体系的差异较大，当前国内外关于中小企业集群的理论研究成果非常丰富。总的来说，中小企业集群的定义可以分为狭义和广义两个层面。从狭义层面来说，中小企业集群是指两个或两个以上属于同一个特定的产业领域且独立的企业或机构，由于具有共性、互补性和专业化等特征，联系在一起形成的一个集聚体。从广义层面来说，中小企业在某一特定区域内集聚在一起的现象就称为中小企业集群，如长三角地区、珠三角地区等。无论从狭义还是广义层面定义的中小企业集群，其都包括三个方面的特征：一是在空间上，中小企业集群是大量中小企业某一区域空间的集合；二是在关系上，集群内中小企业之间存在着地域上或产业上的一定的关联性；三是在利益上，集群内的中小企业能够获得集群发展实现的共同利益。

根据本书的研究对象和目的，并考虑选取样本的范围以及采集数据的可能性，本书的中小企业集群为广义层面的概念，即中小企业集群是指中小企业在某一特定区域内集聚在一起的现象。从地域的属性定义中小企业集群，本书重点研究具有典型代表性的长三角经济圈的中小企业集群，是广泛意义上的集群概念。

2.1.2 互助担保融资

由于学者们研究角度、背景和目的的不同，对互助担保融资的界定表述不一。一般来说，互助担保融资是指两个或两个以上的企业坚持自主自愿、互惠互利等原则，组成信用同盟，成员企业之间相互提供担保，或者共同出资构建互助担保基金或互助担保机构，为同盟组织内成员企业向银行贷款时提供担保服务，从而获取银行贷款资金的一种外源性融资模式。总的来说，互助担保融资的定义可以分为狭义、中间层面和广义三种概念。狭义上来说，互助担保融资是一种一对一的相互担保模式。中间层面来说，互助担保融资行为包含对外担保和接受担保两个方面的内容，任何企业都不可能无偿让其他企业为本企业进行担保。即中间层面认为，企业接受了其他企业的担保则是为了有机会参与互助担保，与狭义概念比较，只是担保企业不存在一一对应关系。广义上来说，对外担保就是用企业的对外担保金额来衡量互助担保金额，中小企业是社会中的"经济人"，对外担保的目的就是为了换取被担保企业为本企业需要贷款担保时提供的担保服务，从而实现企业之间的信用交换。虽然三个层面定义的互助担保融资内涵不同，但三者之间具有共同点，即三者均认为互助担保融资实质就是一种企业之间的利益交换。

为了更准确深入地研究中小企业互助担保行为，从狭义层面的定义出发，本书课题组对中国中小企业进行了抽样，研究了长三角经济圈的73 家上市中小企业 2006~2018 年的年度报告，结果表明，长三角地区只有 13 家企业某些年份的年度报告中详细披露了相互担保业务。相关狭义集群互助担保机构名称及狭义互助担保情况如表 2 - 1 所示。

表 2 - 1　　2006~2018 年长三角地区参与狭义互助担保融资的中小企业

企业名称	年份	狭义互保对象	互保金额 （万元）
浙江英特集团股份有限公司	2008	浙江省华龙实业集团	10000
南京红太阳股份有限公司	2015	全资子公司	105000
		南一农集团	110000
		红太阳集团	49000

企业名称	年份	狭义互保对象	互保金额（万元）
南京红太阳股份有限公司	2016	全资子公司	126000
		南一农集团	110000
		红太阳集团	49000
	2017	全资子公司	196000
		南一农集团	150000
		红太阳集团	49000
	2018	全资子公司	197000
		南一农集团	150000
		红太阳集团	49000
浙江震元股份有限公司	2006	绍兴黄酒集团及子公司	12000
	2007		6000
	2008		2000
	2009		9270
江苏农华智慧农业科技股份有限公司	2006	重庆市迪马实业股份有限公司	6000
	2008		6000
	2009		12000
数源科技股份有限公司	2015	西湖电子集团有限公司	29900
浙江新和成股份有限公司	2009	三花控股集团	26000
浙江精功科技股份有限公司	2008	会稽山绍兴酒业股份有限公司	3000
	2010	浙江日月首饰集团有限公司	20000
	2012		20000
	2015		20000
浙江盾安人工环境设备股份有限公司	2008	浙江海越股份有限公司	12000
	2009		12000
	2010		12000
	2011		12000
	2012		30000
	2015	安徽江南化工股份有限公司	20000
		盾安控股集团有限公司	80000
	2016	安徽江南化工股份有限公司	20000
		盾安控股集团有限公司	100000
	2017	安徽江南化工股份有限公司	20000
		盾安控股集团有限公司	100000
	2018	安徽江南化工股份有限公司	50000
		盾安控股集团有限公司	100000

续表

企业名称	年份	狭义互保对象	互保金额（万元）
浙江凯恩特种材料股份有限公司	2009	浙江尖峰集团股份有限公司	2500
	2010		1500
	2011		1500
	2012		5000
浙江三花股份有限公司	2009	浙江新和成股份有限公司	15000
	2010		15000
浙江江山化工股份有限公司	2007	浙江江山水泥股份有限公司	3000
	2008	浙江巨化股份有限公司	5000
浙江景兴纸业股份有限公司	2006	上海九龙山股份有限公司、浙江晨光电缆有限公司	20000
	2007	平湖电热厂、浙江晨光电缆有限公司	35000
	2008	上海九龙山股份有限公司、浙江晨光电缆有限公司	5000
	2009		45000
	2010		25000
	2011		25000
	2012		25000
	2015	艾特克控股集团有限公司	10000
		平湖热电厂	15000
	2016	艾特克控股集团有限公司	10000
		平湖热电厂	15000
	2017	艾特克控股集团有限公司	10000
		平湖热电厂	15000
	2018	平湖弘欣热电有限公司	15000
浙江海翔药业股份有限公司	2007	浙江中贝九州有限公司、定向反光	8000
	2008		2000

注：本表只列示披露了狭义互助担保的中小企业。

资料来源：根据长三角地区中小企业对外公布的年度财务报告整理而成。

如表 2-1 所示，由于狭义的中小企业集群互助担保企业数据较少，且能收集到的数据不连续，不能形成系统平衡的面板数据，无法全面有效地分析中国中小企业互助担保融资行为，无法对狭义中小企业集群互助担保的数据进行实证检验，并且，在现实生活中，中小企业的担保行为并非发生在同一时间以及并非是相互固定的匹配对象。因此，本书采用的是中间层次的中小企业集群互助担保数据以及广义层次的中小企业集群互助担保数据进行实证检验。

2.1.3 融资约束

学者们对融资约束指标的构建比较多样，而关于具体哪些指标能够相对准确地体现企业融资约束的权威指标却始终意见不一。最常见的企业融资约束指标是多变量指标，国外学者卡普兰和津加莱斯（Kaplan and Zingales，1997）最早提出了体现企业融资约束的多变量指标——KZ 指标。克利里（Cleary，1999）选取多个财务指标研究企业的融资约束，运用多元判别法使融资约束测度指标进一步丰富。国内学者对融资约束相关指标体系的构建做了大量研究。魏锋和刘星（2004）选择包括偿债能力、盈利能力、营运能力及财务松弛等多个指标构建反映企业融资约束的综合指标。这些研究都与 KZ 的研究是一致的。虽然综合类的多变量指数更能全面真实地反映公司融资约束的情况，但是具体的构建方法以及综合指标中单一指标的选取始终存在争议。

基于本书的研究对象为中小企业集群，因此本书最终参考了上述国内外学者采用的融资约束测度方法，并结合中小企业集群的特殊组织以及其特有的融资结构，最终构建 Z 值为中小企业融资约束的代理变量。Z 值有机结合了企业偿债能力、营运能力以及盈利能力的综合性指标。取值越大，说明中小企业在偿债能力、营运能力以及盈利能力的潜力越好，进一步意味着该企业外源融资障碍较低，融资的渠道也较为宽松。所以，Z 值越大，说明该企业面临的融资约束的程度越低。

2.1.4 过度担保

中国学者将过度担保定义为超能力担保或超额担保。饶育蕾等（2008）将违背诚信原则或超过自身承受能力的担保称为过度担保。张枚房（2013）认为，如果担保当事人对外担保的总额超出了其可担保额度则称为过度担保。

有关过度担保的测度方法主要有：马亚军和韩文明（2003）提出，对外担保其所能承担的风险额度仅以其净资产大小为限；王立彦和林小驰（2007）提出，过度担保是对外担保的金额超过其净资产的50%；饶育蕾等（2008）以净资产担保率（当年担保总额与净资产比）的中位数为界限，将净资产担保率高于0且低于7%的担保事件归为适度担保事件，把净资产担保率为负或高于7%的担保事件称为过度担保事件；陈卫程（2008）对比ST公司和非ST公司的担保总额占净资产比的均值，认为担保总额占净资产比例的均值低于30%时公司的财务状况相对安全；张枚房（2013）提出，过度担保＝对外担保总额－可担保额度（企业净资产×信用等级系数－已对外担保额）。

因中小企业规模小、可抵押资产少等原因，其经营风险较大，信用等级又难以衡量，不能简单地以一个固定的净资产担保率（对外担保总额占净资产比）来衡量集群内中小企业是否为过度担保，应根据集群内中小企业的整体情况判断，如中位数或均值。因均值是表示数据的总体水平，不能体现个体之间的差异，易受中极端数值的影响，而中位数仅需把数据按顺序排列后即可确定，不易受中极端数值的影响，允许个体之间存在差异，故用净资产担保率的中位数来衡量中小企业是否为过度担保更为合理。因此，本书参照饶育蕾等（2008）对过度担保的测度：当净资产担保率的值小于0或大于中位数则称为过度担保；当净资产担保率的值在0到中位数之间则称为适度担保。

2.1.5　风险传染

艾伦和盖尔（Allen and Gale，2000）首次从银行机构出发，将风险传染界定为银行间财务危机的传递。陈道富（2015）认为，当集群中任一家成员企业不能按时偿还贷款，风险会沿着担保链快速传播，通过"多米诺骨牌效应"传导发散开，使贷款主体和银行的风险成倍地放大，进而演化成整个担保圈乃至全国的系统性风险，并将其称为风险传染。张乐才（2011）认为风险传染主要表现为违约风险通过资产负债表渠道、信息传染渠道、投资传染渠道等形式进行传染。

由于风险传染是一个动态的变化过程，因此很难确切地将风险传染具象化为一个特定的指标。学术界在研究风险传染机理时，普遍通过风险传染过程中产生风险的节点数量或者密度变化来衡量风险传染。如罗刚等（2015）将感染企业的数量变化定义为风险传播速度，并结合复杂网络理论探究网络结构对于风险传播的影响；乜洪辉（2012）基于 SIR 传染病模型，通过分析不同状态银行的密度变化探究了银行系统风险传染的影响因素。

因此，基于自身研究目的，本书将中小企业集群互助担保融资的风险传染定义为：集群中的个别中小企业不能按时偿还贷款而产生的违约风险，借由互助担保形成的融资链，通过资产负债表渠道、信息传染渠道、投资传染渠道等，使得单一个体的违约风险在互助担保网络中不断蔓延，最终扩散至集群内其他企业，甚至是金融机构，演化为区域性系统风险。本书将通过建立模型演绎风险传染过程，并通过系统仿真探究中小企业集群互助担保融资违约风险的传染机理。

2.2　中小企业集群互助担保融资的制度背景分析

任何一种企业行为都应在相关的制度下发生，制度背景能够影响企业的行为，因此，分析中小企业集群互助担保融资就应对中小企业所处的经济制度环境进行分析。

2.2.1 法律法规

从法律层面上来看，《中华人民共和国中小企业促进法》中明确规定，"国家鼓励中小企业依法开展多种形式的互助性融资担保"，使中小企业集群互助担保行为有了法律依据。中国最早关于担保行为的法律规范是在第六届全国人民代表大会第四次会议修订通过 1987 年 1 月 1 日起施行的《中华人民共和国民法通则》中出现的，在 1993 年第八届全国人民代表大会常务委员会第五次会议通过的《中华人民共和国公司法》和 1999 年第九届全国人民代表大会第二次会议通过的《中华人民共和国合同法》等法律中都有相关的规定，1995 年第八届全国人民代表大会第十四次会议通过了专门的担保法律《中华人民共和国担保法》，对企业担保行为做了进一步的细化和延伸规定。2020 年 5 月 28 日，第十三届全国人民代表大会第三次会议表决通过了于 2021 年 1 月 1 日起施行的《中华人民共和国民法典》，对担保的法律规定进行了系统梳理，《中华人民共和国担保法》将同时废止。

从部门规章上来看，中国对企业担保行为的约束和规范分为针对中小企业和上市公司的不同规定。关于规范中小企业担保融资行为的部门规章主要是由工业和信息化部（以下简称"工信部"）和中国银行保险监督管理委员会（以下简称"银保监会"）发布。2008 年 11 月《关于支持引导中小企业信用担保机构加大服务力度缓解中小企业生产经营困难的通知》中规定，切实引导支持中小企业信用担保机构加大对经营困难的中小企业的担保服务力度；2010 年 6 月《中国人民银行 银监会 证监会 保监会关于进一步做好中小企业金融服务工作的若干意见》规定，推动适合中小企业需求特点的信贷模式创新，拓宽符合中小企业资金需求特点的多元化融资渠道等来支持和引导中小企业开展互助担保融资模式。

而约束和规范上市公司担保行为的部门规章主要是中国证券监督管理委员会（以下简称"证监会"）、国务院国有资产监督管理委员会（以下简称"国资委"）和中国银行保险监督管理委员会发布的三个通知：2000年6月发布的《关于上市公司为他人提供担保有关问题的通知》，规定对外担保是上市公司年报必须披露的事项及限制上市公司直接为股东进行担保；2003年8月发布的《关于规范上市公司与关联方资金往来及上市公司对外担保若干问题的通知》，再次强调上市公司不得为股东及其附属企业担保，并且规定上市公司对外担保总额不得超过其净资产的50%，控制了上市公司的担保风险；2005年11月发布的《关于规范上市公司对外担保行为的通知》规定，上市公司的担保行为须经董事会或股东大会审议批准。上述规定约束了上市公司的担保行为，在一定程度上控制了担保风险的蔓延。

法律制度的规定是建立在遵循市场经济发展规律要求的基础之上，认为担保融资行为作为企业经营活动的构成部分，只要企业履行了相应的程序，就可以合法地为其他企业提供担保服务。而银保监会、工信部等部门制定的法规是在提高企业有效控制担保风险的前提下，从加强企业规范运作的角度，对企业担保行为作出的规范与引导。

2.2.2　信贷环境

中国中小企业普遍存在自有资金不足的情况，其无法满足企业资金的需求，中小企业资金缺口大，而2008年全球性金融危机的爆发，特别是2011年以来频繁发生的中小企业主"跑路"事件，各类金融机构的风险意识逐渐增强，放贷给企业时都变得较为谨慎，中小企业所面对的信贷市场出现了"惜贷"的情形。同时，金融机构所有的贷款利率都受到中央银行的管制，且金融机构又必须对自身的信贷行为承担风险，所以金融机构只能通过担保、抵押等非利率手段来降低贷出资金的风险。而中国金融机构对抵押品的要求比较苛刻，除了土地、房屋、机器设备外，很少批准其他资产作为抵押品，中小企业的固定资产比较少，抵押物不足，因此，大部分金融机构为中小企业提供贷款服务时把担保贷款作为其主打业务。

与之相对应的是，中国现有的中小企业信用担保体系处于建立初期，能够为中小企业提供金融机构贷款担保服务的机构很少，其运作管理模式并不完善，难以满足中小企业巨大的担保融资需求。在这种情况下，一些质量较好、有一定社会信用的中小企业自然成为贷款中小企业所需的和银行等金融机构认可的担保人。此外，中小企业由于交易来往，彼此之间信息较为透明，企业为降低自身担保风险而积极有效地监督借款企业，约束了借款企业的行为，从而降低了金融机构的放贷风险，这也使得金融机构所要承担的借款企业违约风险转嫁成了担保企业的担保风险。因此，中小企业之间的担保风险也是在现阶段信贷融资环境下融资渠道不顺畅的必然结果。而互助担保是中小企业融资的一个很好选择，金融机构和中小企业都能认可，从而出现了大量中小企业采用互助担保方式进行融资的现象。

2.3　中小企业集群互助担保融资的优势分析

在实践中，集群内大量中小企业采用互助担保方式进行融资。那么互助担保融资为何受到中小企业的欢迎？互助担保组织是如何产生的？中小企业集群互助担保融资的优势又有哪些呢？

2.3.1　互助担保融资满足了中小企业的资金需求

中小企业是中国国民经济的重要组成部分，在促进经济平稳增长、缓解就业压力、优化经济结构等方面发挥着重要作用。在资金方面，中小企业除了自有资金积累、股东投资等内部融资渠道，银行贷款是中小企业最重要的外部融资渠道。

然而，由于中小企业一般都存在着规模小、信誉低等问题，银行等金融机构考虑到放贷资金的风险问题，大多数的金融机构都不愿积极开展中小企业的信贷业务，从而导致资金不足成为抑制中小企业发展的最不利因素。从前面对信贷环境的分析中可以看出，中小企业只有通过担保的方式来提高自身信用从而得到银行认可，但目前中小企业拥有处置权的资产较少，况且这些资产的变现、保值能力还远远达不到银行等金融机构对抵押品的要求，因此单个游离的企业基本很难得到银行等金融机构的贷款批准。这种情况下，两家以上的企业通过组成团体相互支持、相互帮助的担保融资模式出现在人们的视线中，这一融资模式在一定程度上受到银行等金融机构的认可，满足了中小企业对生产资金的需求，在一定程度上有效缓解了中小企业融资的问题。

2.3.2　互助担保融资降低了中小企业的融资成本

随着银行业监管的加强，银行等金融机构对信贷风险的逐渐重视，加之中国担保体系的不健全，能够获得银行贷款的中小企业越来越少，中小企业为取得贷款相互担保，形成了多元化的中小企业集群互助担保融资模式。在互助担保融资模式下，参与者主要包括中小企业和银行。中小企业申请贷款的成本包括三个部分：（1）筛选、监督合作企业的成本；（2）贷款利息方面的成本；（3）融资手续费。由于互助担保融资由企业与银行之间直接接触，从而简化了中小企业向第三方提供相关材料、接受两次资信调查的烦琐程序，节约了融资过程的中间费用。从银行方面来讲，发放贷款的成本包括两个方面。（1）贷款审查成本。中小企业组成互助担保组织前已经过筛选，节约了银行的审查成本。（2）贷后监督成本。由于互助担保融资的连带责任，互助担保组织内企业与银行共同进行贷后的监督工作，银行的工作只是辅助性监督，这样就节约了银行的部分监督成本。

2.3.3 互助担保融资提升了中小企业的声誉

互助担保组织的运行一般情况下需要经过两重筛选：第一重筛选是中小企业为了防止违约风险，挑选合作企业时一定尽量选择信用良好、企业实力强的企业；第二重筛选是银行通过互助担保组织贷款时，对互助担保组织内企业成员进一步的审查，保留盈利能力强、偿债实力高的企业作为互助担保组织成员进行贷款与担保批准。经过上述两重筛选，成为银行等金融机构贷款的互助担保组织，其内部成员必然为信用好、盈利能力较强、偿债实力较高的中小企业。加入互助担保组织，就好像是一种身份肯定的象征，能够向会计信息使用者传递正面信息。互助担保组织可以提升成员企业的声誉，而成员企业的声誉促进了互助组织的良性发展，二者是相互作用、相互约束、共同发展的。中小企业在声誉提升后，诚实守信的形象就是一种无形资产，从而形成巨大的吸引力，不断赢取发展的机遇，在竞争中进一步站稳脚跟，实现可持续发展，这样互助担保组织与银行建立的信贷关系更加稳固，形成一种良性循环。互助担保融资提升了中小企业的声誉，促进了中小企业经济的平稳发展。

2.3.4 互助担保融资降低了金融机构的贷款风险

银行等金融机构因为与中小企业之间信息不对称问题的存在以及金融机构规模化经营的要求，中小企业和金融机构双方难以实现贷款业务的对接。而互助担保融资的兴起为借贷双方的沟通建立了桥梁，扫清了金融机构和中小企业之间贷款业务对接的障碍。互助担保融资模式不但改变了中小企业的融资方式，而且转变了金融机构和中小企业合作的理念。一方面，中小企业通过出资组建或协议组成互助担保组织，为成员企业的银行贷款提供担保服务，互助担保组织内成员企业无论是承担无限连带责任还是以出资为限承担责任，金融机构都能够找到第二还款来源的担保机构，使得银行贷款的偿还有了双重保障，金融机构的贷款风险进一步降低。另一方面，互助担保组织的建立虽然有企业主社会关系因素的存在，但前期组织成员企业的筛选仍是十分严格的，互助担保组织对申请加入的中小企业都要进行一系列的筛选和评价，包括企业发展前景、财务经营状况分析在内的信用评价，只有信用评价良好及以上的中小企业才能进入互助担保组织，享受互助担保组织提供的担保服务，这个过程可以有效降低金融机构的贷前调查成本。同时，由于担保机构对中小企业集群的市场规模、发展潜力、企业信誉等情况有一定了解，并且在收集和加工与中小企业有关的信息方面具有信息优势，故引入担保机构后的中小企业集群能有助于缓解信息不对称，减少逆向选择和道德风险。因此，中小企业联合组建的互助担保组织能够分担银行贷款风险，降低金融机构的交易成本，实现金融机构和中小企业的双赢，从而促进了金融机构、担保机构、中小企业的稳健发展。

2.3.5 互助担保融资提高了担保风险的可控性

在中小企业的融资过程中，银行与企业之间的信息不对称使得担保贷款风险增大，而信息不对称是造成中小企业融资困难的主要原因之一。信息不对称是指中小企业和银行等金融机构的贷款业务前后信息量不平衡，事前信息不对称可以引起逆向选择，事后信息不对称会带来道德风险。中小企业经过仔细筛选合作企业从而组建互助担保组织，为成员企业在合作银行的贷款提供担保，在一定程度上解决了银企之间事前的信息不对称问题，能够有效缓解银行与企业之间的信息不对称问题。贷款企业在资金使用期内，互助担保组织内其他企业和银行为了自身利益都会共同监督贷款企业的行为，而且成员企业之间信息会更为透明，银企之间的事后信息不对称问题也得到有效缓解。基于此，互助担保融资使得中小企业与银行等金融机构两者信息得到很好的沟通，有效控制担保风险的发生。同时，有些互助担保融资模式（如互助担保基金、互助合

作促进会）的特点是担保企业承担有限连带责任，相比于传统担保融资
的无限连带责任，互助担保组织内中小企业必须以缴纳风险保证金为限，
或者以组织内部协议约定的担保比例来承担贷款企业的担保风险，担保
企业的损失从而变得可以预计。当出现贷款企业违约时，担保企业不会
因为担保链的断裂而影响企业本身的资金链和企业的正常经营，不易陷
入经营危机。因此，互助担保融资有效地切断了担保链，使得担保风险
控制在一定范围之内，担保风险得到控制，降低了发生区域担保危机和
金融危机的可能性。

2.3.6 互助担保融资促进了区域经济的增长

目前，中国企业中的绝大多数都可以归入中小企业的范畴，区域经
济的增长与中小企业经济的增长息息相关，中小企业为社会提供了大量
的就业岗位，缴纳大量税金。但是 2011 年以来，中国中小企业遭受了
2008 年全球经济危机的波及与宏观经济不景气的影响，面临着巨大的
挑战，中小企业经济转型的压力也大幅上涨，各种不利因素在各方面阻
碍了中小企业及其区域经济的发展。阻碍中小企业快速发展的最大因素
就是资金问题，因此中小企业急需开辟新的融资渠道，筹集足够的资金
来推动自身发展。互助担保融资模式应运而生，凭借着其贷款程序简
便、融资成本低、贷款风险分散化、在中小企业融资实践过程中运行良
好、能够为中小企业提供足够的发展资金来支持企业的运营和生产等融
资优势，使作为区域经济中重要角色的中小企业获取了足够的资金，中
小企业的盈利能力增强，企业规模得到扩张，不仅可以为所在区域提供
充足的就业岗位，维持地区的稳定，为区域经济的良性发展营造安定有
序的环境，同时还为当地政府创造了大量税金收入，极大地促进了当地
经济的蓬勃发展。因此，中小企业实施互助担保行为进行融资利于促
进区域经济的增长，与区域经济之间能够形成互促双赢的良好发展
态势。

2.3.7　互助担保融资提升了产业的竞争力

中小企业有着集聚的特性，随着中小企业的发展，同一产业的企业集聚在一起的现象越来越明显，产业集群也随之形成和不断发展。产业竞争力是描述地区综合竞争力的一个关键指标，它不仅影响着所在地区的经济实力，还决定着当地经济未来的整体发展方向。而产业竞争力最主要的表现就是一定要有特色产品，并且特色产品一定要拥有无法模仿、难以取代等特征，中小企业集群加速对特色产品的开发是提升产业竞争力的有效途径。但是，特色产品开发基金的缺乏是制约产业集群快速稳健发展的一大"瓶颈"。互助担保融资组织的成员企业基本来自同一产业，同时所有的成员企业都能享有互助担保组织提供的担保服务，从而顺利获取金融机构的贷款，用以扩大企业的生产和经营，为企业特色产品的开发奠定充足的经济基础。而成员企业通过互助担保组织可以加强彼此之间的信息交流，企业之间合作的概率明显提高，从而增加了共同研发特色产品的可能性，使成功研发出特色产品的概率显著提高。因此，互助担保融资能够有效提升产业的竞争力。

2.3.8　互助担保融资促进了守信观念的形成

互助担保融资组织的成员企业主要来自同一产业或相关产业，产业集群内企业与企业之间互动频繁，产业内的信息传递速度极快，因此企业在产业内的声誉对于企业未来的生存和发展极为重要。一旦互助担保组织内贷款企业出现违约行为，该不利消息很快就会在产业内传开，违约企业将不再被信任，导致违约企业难以持续经营下去。因此，企业一定会主动约束自身行为，互助担保组织内企业之间的守信度增大。另外，互助担保组织资金的主要来源是成员企业缴纳的风险金和政府、行业协会等组织扶持所注入的资金，成员企业以缴纳的风险金或协议约定的比例来为互助担保组织内其他企业提供担保服务，企业出于自身利益的考虑，一定会积极了解和监督贷款企业的情况，预防贷款企业发生违约行为以致损害自身利益，企业之间的自发监督也会提高企业的守信度。中小企业通过互助担保融资组织加强了彼此之间的联系，同时良性互动增加，相互之间更为了解，这使得互助担保组织成为一个"互识社会"。在组织内，成员企业的行为可以相互影响，很容易形成共同的价值观、利益观，有利于形成诚实守信的思想观念。同时，这种观念会渗透到中小企业及中小企业主的经济活动和日常生活中，引导中小企业有选择地参与互助担保组织，促进守信观念的形成，正确引导互助担保融资行为。

第 3 章
中小企业集群互助担保融资的模式研究

为了改善中小企业集群融资难的困境，社会各界大力推进各种新型互助担保融资模式，拓宽了中国中小企业集群的融资渠道。由于长三角地区是中国经济最发达的区域之一，大量中小企业在该区域聚集，是中小企业集群的典型。基于此，本章选取位于长三角地区的中小企业集群互助担保融资模式作为调查对象，具有很强的代表性，能够较为全面地揭示当前中国中小企业集群互助担保融资模式的运行情况。

3.1 小额贷款公司

小额贷款公司是由两个或两个以上的中小企业或其他社会团体坚持自主自愿、互惠互利等原则联合出资组成，主要为成员中小企业供给小额贷款的"只贷不存"的企业法人。急需资金的成员中小企业可以通过小额贷款公司以更为简便和快捷的贷款程序获取贷款。其贷款流程为：首先，成员中小企业贷前咨询，并填写申请表；其次，小额贷款公司对申请贷款的成员中小企业进行审批，若该中小企业的信用良好、财务业绩较好、具有发展潜力等，则较容易通过审批，否则必须邀请其他信用较好的成员中小企业或其他社会团体为其提供担保才能通过审批；再其次，通过审批后的中小企业，递交相关材料并签订贷款合同；最后，由小额贷款公司发放贷款。小额贷款公司运行模式如图 3 - 1 所示。

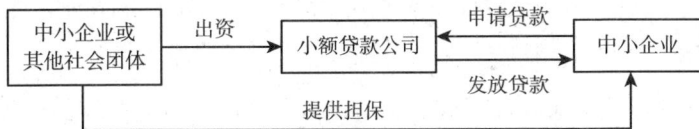

图 3 - 1　小额贷款公司运行模式

为了促进小额贷款公司的良性发展，中国相关部门都出台了对小额贷款公司进行资信评级的规定，并且要求根据评级的级别来批准小额贷款公司向商业银行融通资金的额度。一般情况下，若小额贷款公司的评级为 A 级或 A + 级，则能够从商业银行融入的资金额度为公司资本净额的 50% ~ 100%；若小额贷款公司的评级为 A 级以下，则从商业银行融入的资金额度就不得超出公司资本净额的 50%。近年来小额贷款公司发展模式极不平衡，两极分化严重：经营良好的小额贷款公司放贷规模大，发展能力强，如海宁的宏达小额贷款公司，年贷款余额达到 5 亿元；经营不良的小额贷款面临倒闭，如嘉善、平湖地区的小额贷款公司无法经营下去，纷纷停业。

小额贷款公司模式的优势有五个方面。（1）申请门槛低。银行贷款时需要对企业的信用等级、财务状况等进行评价，而小额贷款公司贷款时不仅没有该项程序而且有免担保等措施，使得中小企业易申请获取小额贷款。（2）服务覆盖面广。小额贷款公司贷款时遵循小额和分散的原则，有效降低了贷款过度集中而引起的风险，为众多中小企业提供信贷服务。同时，小额贷款公司的业务范围可以对银行的中小企业业务进行有效补充，填补了银行的空白。（3）申请贷款程序简便，放款速度快。银行的审批、复审等程序复杂、耗时长，借款企业需准备的材料繁多，且不易获批贷款，而小额贷款公司运行机制灵活、审核批准程序手续简便，可以快速地进行信贷审批，满足中小企业的短期金融需求。（4）市场化经营。小额贷款公司按照市场化原则进行经营，政府干预度低，提高了资金配置效率，实现了资源的优化配置。（5）贷款安全性提高。小额贷款公司办理贷款所走的程序都是正规程序，相比于民间借贷更加规范，资金得到了很大程度的保障，提高了资金的安全性。

小额贷款公司模式在实践中还存在以下问题。（1）风险管控能力差。小额贷款公司的贷款审批一般由总经理进行决策，缺乏贷款审查、审批的专门部门和专业人员，导致贷款风险把关不严，且没有完善的风险管理与控制方面的制度及政策，风险管控能力差。（2）融资渠道窄。小额贷款公司"只贷不存"的经营模式，其放贷资金主要来源于股东投入的资本和商业银行融资，公司资金来源渠道狭窄，放贷资金有限，容易出现无钱可贷的局面，影响小额贷款公司的持续经营。（3）国家层面缺乏专门的监管办法，小额贷款公司机构性质定位不明确。根据现行政策规定，小额贷款公司的定位是非金融机构，未纳入银保监会或人民银行系统监管，但实际中小额贷款公司经营金融业务，公司机构性质定位不明确。（4）税收负担重。未出台财税政策规定小额贷款公司的税收优惠，小额贷款公司参照工商企业纳税，按规定需交纳企业所得税、税金及附加，税率分别为25%和5.6%，税收占小贷公司收入的1/3，造成小额贷款公司持续发展后劲不足。

3.2 互助担保公司

互助担保公司根据出资方的构成可以分为三种类型：一是国资背景的担保公司；二是民营担保公司；三是混合担保公司，主要由政府和中小企业共同出资组建担保有限公司。在实践中，主要对中小企业提供担保服务的互助担保公司通常是指混合担保公司，即由政府和中小企业共同出资设立的股份有限公司或有限责任公司。中小企业通过互助担保公司申请贷款担保服务的一般程序为：首先，由需要贷款的中小企业提出担保申请，并由互助担保公司对该企业进行调研审查；其次，银行对需要贷款的中小企业进行贷前审查；最后，中小企业、担保公司和银行三方签订合同，并由互助担保公司承接担保、银行放款。互助担保公司运行模式如图 3 - 2 所示。

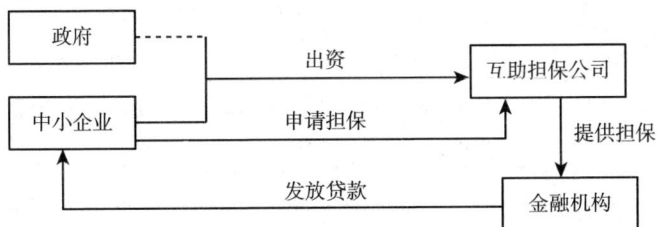

图 3 - 2　互助担保公司运行模式

目前，拥有国资背景的担保公司营运较好，这类担保公司有财政资金作为补助，对公司的风险控制重于盈利，以求担保公司稳定发展。具体操作时会制定一些标准，尽可能挑选质量好的中小企业进行担保。例如，嘉兴南湖区的"南湖烟雨"与当地银行合作，从 40 家申请企业中筛选出十几家企业进行打包贷款 3000 多万元，银行承担 75% 的风险，政府承担 20% 的风险，担保公司承担 5% 的风险。银行更愿意与国有或集体性质的担保公司合作，同时也会推荐信誉好的企业给担保公司，如嘉兴市秀洲区的中小企业担保公司就属于此种类型。民营担保公司资金放大倍数小，盈利空间小，若为几家企业进行封闭式经营是能够维持生存的，但当前大多数民营担保公司为开放式经营，有着收益与风险严重不对等的问题，故而经营困难。民营担保公司的收益来源于按担保金额的 2% ~ 3% 收取的担保费和注册资本的银行利息收入，却承担着 100% 的担保风险，加之政府近年来取消了财政补贴的风险补偿金，民营担保公司所承担的风险过大，可持续发展受到影响，如嘉兴市的民营担保公司从原来的 14 家萎缩到 2 家。

互助担保公司模式的优势。（1）提高融资成功率。银行等金融机构对中小企业贷款的成本较高，中小企业向金融机构申请直接贷款比较困难。担保公司特别是具有国资背景的担保公司与金融机构关系良好，容易达成合作。担保公司对申请贷款的中小企业进行筛选，推荐优质企业给合作银行并为其贷款担保，提高了中小企业贷款的成功率。（2）能够提供更多的资金。担保公司多为在抵押的基础上的授信，授信额度往往大于抵押资产的价值，能够为中小企业提供更多的需求资金。（3）担保专业性更强。不同于金融机构固有的贷款模式，担保公司能为不同类型企业设计特定的融资方案，形成管控企业贷前贷后的个性化服务，不仅分担了金融机构的贷款管理成本，而且节省了企业申请贷款的时间，从而提高了中小企业贷款的时效性，满足了中小企业对资金紧迫性的需求。

互助担保公司模式在运行中存在的问题。（1）缺乏正规有效的监管。当前，中国未出台专门的法律法规对担保公司模式进行规范和引导。现今担保公司的主管部门为经济和信息化工作委员会（以下简称"经信委"），只有几个规范性文件作出零星和粗放的规定，而对担保公司的制度设计、如何评价财政资金支出的经济效应和社会效应等问题未曾提及。（2）担保公司利润低，盈利能力差。对于国资背景的担保公司来说，财政补助的目的是为了扶持中小企业发展，帮助中小企业获取银行贷款，因此这类担保公司注重扩大贷款数额而不注重收益，多处于微利或保本的状态；民营担保公司放大倍数小，盈利水平低，承担全部担保风险，公司收益与风险严重不对等，大多数纯担保机构处于亏损状态。（3）定位问题。担保公司理论上应该是一种风险控制机构，专门考察贷款企业风险等，作为银行贷款业务的一个补充。然而在现实运作中，担保公司的设立与初衷相悖：担保公司缺乏专业人才，资信调查工作不如银行；担保公司为控制风险，企业申请担保时需提供抵押等反担保措施才能获取担保公司担保，导致担保公司性质不明。（4）政府干预过多，市场化经营程度低。特别是具有国资背景的担保公司，虽然名义上是独立法人，但实际上与政府存在千丝万缕的联系，类似于政府派出机构，受政府干预较多，不能完全实现市场化运作。

3.3 民间融资服务中心

民间融资服务中心是由政府带头引导，当地大型企业以发起人的身份联合出资筹建的、不以营利为主要目的的公司法人。民间融资服务中心是依靠民间资本，采用"政府主管、企业化管理、市场化运作"的运行模式，为借贷双方直接融资交易提供登记、融资对接等服务的综合性服务平台。民间融资服务中心的资金借贷一般流程为：首先，由资金需求方和供给方登记信息；其次，通过信息平台进行配对，安排资金需求方和供给方进行面谈，并由第三方如担保公司或信用较好的企业为其提供担保，资金供需双方签订借贷合同以及办理相关手续，并在民间融资服务中心处备案。民间融资服务中心运行模式如图3-3所示。

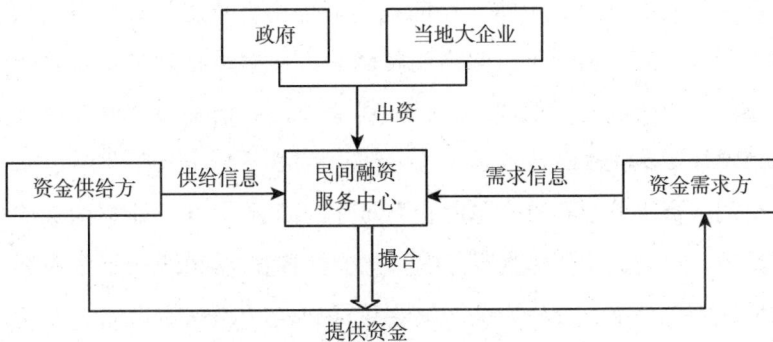

图3-3 民间融资服务中心运行模式

具有代表性的湖州市德清民间融资规范管理服务中心有限公司在2013年3月成立，注册资金5000万元，由政府（5%）、作为发起人的三家上市公司（40%）和企业法人（55%）共同出资。民间融资服务中心规定，以自然人为资金供给方的登记最低要求为20万元。民间融资服务中心的主要业务为无风险产品，中风险产品业务占少数，高风险产品业务基本没有。在德清，民间融资服务中心的设立，为民间资本流向实体经济搭建了桥梁，有效满足了当地中小企业的融资需求。

民间融资服务中心模式的优点。（1）激活民间资本，实现优化配置。民间融资服务中心登记的供给资金有很大一部分来自民间闲置资金，发挥了当地丰富、活跃的民间资本优势，引导和规范了有序投资，同时，民间融资服务中心产品丰富，资金供给双方按照自身条件选择相应产品，实现了资源优化配置。（2）手续便捷，放款速度快。需要资金的企业只需提供相应信用资料，在中心登记资金需求额，中心找到适合资金供给方后，供给双方谈好后即可获得贷款，手续简单方便，2~3天放款，极大地提高了融资的速度。（3）公开利率，规范化经营。中心大厅设有电子公告牌，定时公布不同风险产品的利率指数，资金供给双方可以明确了解利率水平，同时，中心引入征信系统、公证机构、评估机构等服务，对借贷双方进行备案，控制着借贷风险，引导着中心合法化、规范化经营。（4）降低企业贷款成本。民间融资服务中心贷款的利率虽然高于银行贷款利率，但其远低于民间高利贷利率，从中心贷款能够有效降低急需资金的中小企业的贷款成本，且此渠道的民间借贷利息可以计入企业成本，增加了企业的收益。

民间融资服务中心模式在发展中面临的问题。（1）缺乏国家层面的法律法规。目前，民间融资服务中心建立的依据是2013年浙江省第十二届人民代表大会常务委员会第六次会议通过的《温州市民间融资管理条例》，该条例使得民间融资规范化、阳光化、法制化，但由于缺乏国家层面的法律法规，相关税收政策混乱，导致民间融资服务中心推广较为困难。（2）社会诚信体系不完善。借贷双方仅靠中心提供的信用材料不足以完全信任对方，资金供给方不敢出借资金。原则上经过备案登记，政府认可其合法性就能受到法律保护，并作为处理纠纷时的证据。然而，按照中国人的传统——不喜露财，加之税收的问题，许多人不愿备案登记。（3）经营团队缺少专业人员，风险控制能力差。中心主要是政府牵

头的，工作人员多为政府人员或政府指派人员，一般不是处理借贷业务
的专业人员，缺乏评估、担保等专业知识，同时中心没有建立风险控制
的相关制度，风险管控能力较差。

3.4 互助担保基金

互助担保基金是指以各种商会、行业协会等组织为基础，组织内部
的本地中小企业在相互信任的基础上，与当地商业银行合作，联合组成
一个基金池，为成员企业向合作银行申请贷款而进行相互担保的一种融
资模式。该融资模式一般采用会员制，由各个会员企业交纳基金，汇总
后存入当地合作的商业银行，用于为成员企业向合作银行申请贷款时实
施担保。互助担保基金采取"滚动式"运营，即这笔基金的收益不分红。
当出现贷款企业违约时，成员企业以出资额度对贷款风险承担有限连带
责任。互助担保基金的运行模式如图 3 - 4 所示。

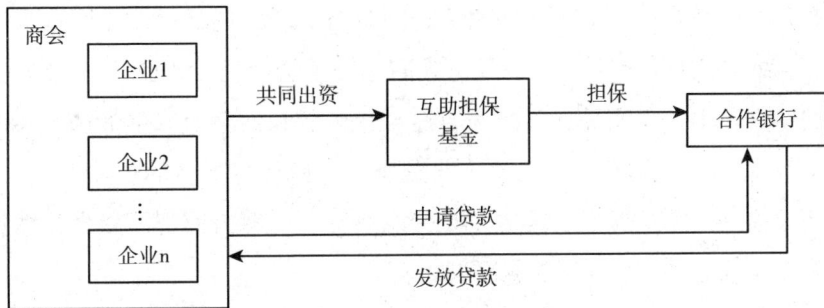

图 3 - 4   互助担保基金运行模式

互助担保基金模式是较为新颖的一种互助担保融资模式，嘉兴市通
过商会等组织成立的互助担保基金还在探索之中。目前，运行良好的互
助担保基金为乌镇互助担保基金。经过乌镇中小企业协会与民生银行双
重筛选，由 35 家中小企业联合出资成立互助担保基金，基金池的成员
中小企业可以获得出资额 5 ~ 10 倍的贷款融资额度，以基金池内资金为

其担保，其他成员企业只以出资额为限承担有限责任，避免了担保链风险。

互助担保基金模式具有的优势。（1）承担有限担保责任。互助担保基金避免了传统联保中成员企业以全部资产为联保体履约责任承担风险的连带问题，互助担保基金成员企业以出资金额为上限，为互助担保基金的履约承担风险，极大地降低了成员企业的风险。（2）"抱团"形式较易获取贷款，节约了贷款成本。商会内企业组成一个团体，成员企业向银行申请贷款时，有基金池的资金为其担保，同时由于商会与银行的合作，成员企业贷款审批手续简化，且可以享受银行提供的优惠贷款条件，从而节约贷款成本。（3）"熟人交易"使得风险可控性增大。成员企业来自同一商会，彼此之间熟悉了解，信息较为公开化，成员企业之间可以起到相互监督的作用，能够有效预防借款企业的违约行为，贷款风险的控制能力增强。

互助担保基金模式存在的问题。（1）缺乏政策支持与政府监督。互助担保基金是企业自行组建的组织，并未得到政府的认可，政府也未出台相应的政策进行有效管控，当出现问题时无法受到法律保护。（2）基金组织规模小，发展受到限制。通过合作银行和商会的双重筛选，共同建立互助担保基金组织的成员企业资质好，但符合条件的企业数量少，以至于商会互助担保基金规模小，受惠企业少，覆盖面窄，商会互助担保基金模式的进一步发展受到限制。

3.5 互助合作促进会

互助合作促进会是由金融机构和几家当地中小企业共同发起成立的非营利性社团团体。中小企业交纳一定数额的会费入会成为互助合作促进会的会员，成员中小企业共同交纳的入会费构成互助合作基金，互助合作基金为成员中小企业在合作银行的贷款进行担保，成员中小企业仅以各自交纳的入会费和相关费用为限承担借款成员中小企业的贷款风险。
互助合作促进会的运行模式如图 3 – 5 所示。

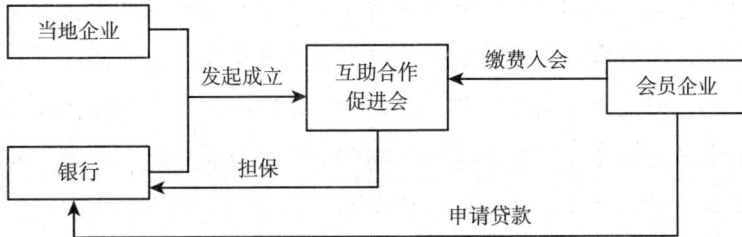

图 3 – 5　互助合作促进会运行模式

嘉兴市小微企业互助合作促进会（以下简称"促进会"）成立于
2013 年 5 月，由中国民生银行嘉兴分行等发起，经市工商联批准，在市
民政局登记成立的社团法人。民生银行对需要贷款的中小企业进行调查、
资产评估后，推荐资质良好的中小企业加入促进会，会员企业每年按照
一定标准交纳的会费支持着促进会的运营。促进会对会员企业按照产业
集群分块管理，即分为嘉兴物流专业市场商圈、海宁合作社（总社）产
业集群、桐乡服装鞋帽纺织产业集群和海岩紧固件产业集群四个集群模
块，集群最高贷款额度分别为 3 亿元、10 亿元、7 亿元和 2 亿元。促进会
的互助基金仅用来为会员企业在民生银行的贷款进行担保，互助基金为
开放式基金，包括会员企业按照其贷款金额的 15% 交纳的互助保证金和
按照贷款金额的 1% 收取的风险准备金。会员企业按时偿还贷款时，其所
交纳的互助保证金将退还，风险准备金则作为互助基金的一部分不予退
还。互助担保贷款风险按照集群模块为单位共同分担，各集群模块会员
企业以各自交纳的资金为限承担互助担保的有限责任。出现不良贷款时，
促进会先按照以下扣款程序代偿：一是该会员企业交纳的互助保证金；
二是留存的所属集群模块共同的风险准备金；三是所属集群模块其他会
员企业交纳的互助保证金；四是促进会以原告身份通过法律程序向违约
会员企业进行追偿。

互助合作促进会模式的优势。（1）银行发起成立，成员企业容易获得贷款。民生银行为响应政府激励金融机构扶持中小企业的政策，为分摊银行贷款风险而发起成立互助合作促进会，银行工作人员筛选企业加入促进会，有促进会基金的担保，促进会成员企业可以获取无抵押的信用贷款，审批程序简便。（2）运用产业集群融资的优势，提高企业的守信度。互助合作促进会采取不同产业集群分块管理，企业在产业集群内的声誉对企业生存和发展十分重要，企业之间联系频繁，一旦借款企业有违约倾向，信息会在集群中快速传播，因此为维持本企业的声誉，借款企业不会轻易违约，企业的守信度增大。（3）避免连带，只承担有限责任。互助合作促进会与银行合作，银行承担部分贷款风险，其他风险由促进会承担，贷款企业所属集群的风险准备金和保证金作为担保，集群内其他企业以交纳的资金为限分摊担保风险，避免了担保的连带责任。

互助合作促进会模式在运行中出现的问题。（1）政府支持力度不足。目前没有针对互助合作组织发展的政策出台，互助合作促进会为扶持中小企业的社会团体，政策规定财政只能补充管理资金，不能补助风险金。现今互助合作促进会的法人代表或会长来自合作银行，人民银行和银保监会对于该社会团体不认可，认为互助合作促进会表面上看是合作银行的一个机构，并不能完全独立运行。（2）银行干预过多，制度设计有待完善。银行发起建立互助合作促进会的初衷是分担贷款风险，规定促进会的模式有两种：一种为银行内部人员操控的非企业法人；一种是由银行人员担任法人代表或会长的社会团体。总之银行要把握控股权。银行干预过多，导致贷款流程分裂，银行客户经理挑选合格企业，决定授信审批，促进会遵守银行决定进行担保，一旦出现违规，促进会又以独立法人的身份进行追偿。银行干预贷前审批，贷款风险却由促进会承担，制度设计不完善。（3）缺少有效的风险控制手段和风险分散机制。贷前审查由银行内部人员执行，促进会无法干预，只能执行决定，而银行人员缺乏风险控制手段，使得贷款风险无法完全控制。同时，银行是否应当分担部分贷款风险存在争议，因企业加入促进会的时间不同，如何公平核算应分摊的风险金额等问题比较复杂，促进会的分摊机制有待完善。

3.6 中小企业集群互助担保融资模式的比较分析

3.6.1 互助担保融资模式的差异

不同的中小企业集群互助担保融资模式具有不同的特点，在现实运行中存在着差异。表 3-1 从运行模式、资金来源、违约风险等方面对五种互助担保融资模式进行比较。

表 3-1　　　　　　　　　　五种互助担保融资模式的差异

机构类型		组织性质	运行模式	政府是否出资	单笔贷款额	盈利能力	违约风险
小额贷款公司		公司法人	开放式	否	小	强	大
互助担保公司	国资背景	公司法人	开放式	是	大	弱	小
	民营			否	小	强	大
	混合			是	大	弱	小
民间融资服务中心		公司法人	会员制	是	小	弱	小
互助担保基金		合伙性质	会员制	否	小	弱	小
互助合作促进会		公司法人	会员制	否	大	弱	小

从互助担保组织性质来看，除互助担保基金模式外，其余四种模式都为公司法人，在政府相关部门依法登记成立，成立手续较为烦琐，但受国家法律法规的保护。互助担保基金模式为合伙性质的社会组织，只需成员企业之间协商约定即可组建，组建程序简单，但互助担保基金模式未经正式登记注册，法律约束性小，互助担保基金模式受法律保护程度相比于其他模式较弱。而法人性质的互助担保组织受法律保护程度强，由借款企业违约造成的损失比较容易通过法律途径解决。

从运行模式上看，借款企业只要符合小额贷款公司和互助担保公司提供贷款与担保的条件，就能享受它们的服务，而民间融资服务中心模式、互助担保基金模式和互助合作促进会模式要求企业符合一定标准、办理相关手续成为会员后，再从中挑选企业审批提供服务。后三种模式挑选会员较为严格，会员企业资质较好，因此，民间融资服务中心、互助担保基金和互助合作促进会这三种模式的违约风险低于另外两种模式。会员制经营的互助担保组织由于入会条件严格，成员企业数量少，互助担保组织易于管理，但会导致受益中小企业面窄。开放式经营的小额贷款公司和互助担保公司模式能够为众多中小企业服务，受益面较广。

从政府是否出资的角度分析，互助担保公司模式中的国资背景互助担保公司和混合互助担保公司与民间融资中心模式都有政府出资支持，结合互助担保公司模式发展情况，有政府出资支持的担保公司运营良好，所以政府的支持能够提高融资金额和融资效率，促进互助担保融资模式的发展。但政府不能干预过多，互助担保组织的市场化经营才能充分体现缓解中小企业融资困难的作用。

从盈利能力分析，国资背景的互助担保公司和混合互助担保公司与民间融资中心模式均是依据政府政策成立，是政府推动当地中小企业发展的扶持措施，其目标在于为众多中小企业提供融资担保服务，解决中小企业贷款信用问题，而不是以营利为目的。互助担保基金是企业之间互助性的资金合作组织，以成员企业交纳的会费与风险金为组织资金来源，为成员企业银行贷款增信提供担保业务，其首要目的是成员企业之间的互助服务而非经济效益，盈利能力较低。小额贷款公司和民营担保公司的盈利能力较强，两者均为独立法人，小额贷款公司和民营担保公司的主要目标是经济效益，小额贷款公司的实际利率较高，民营担保公司进行担保时手续费较高且会要求反担保措施。因此，有国资背景的担保公司、民间融资服务中心等模式的盈利能力低于小额贷款公司和民营担保公司。

从业务角度分析，国资背景互助担保公司、混合互助担保公司和互助合作促进会实施担保融资所获取的单笔贷款金额较大，有政府资金扶持的担保公司实力雄厚，而互助合作促进会只与合作银行有业务往来，银行等金融机构对于这三类组织较为信任，单笔贷款额度较大。对于担保风险，国资背景互助担保公司和混合互助担保公司有财政资金作为补助，相对于盈利更注重风险控制。民间融资服务中心模式、互助担保基金模式和互助合作促进会模式的会员制封闭式经营，使得成员企业之间的相互监督有效降低了违约风险。

3.6.2 互助担保融资模式的共同点

上述五种互助担保融资模式在实际运行中存在一些共同之处。中小企业集群互助担保是基于良好的集群环境建立的，由地理因素、行业相关性因素等形成集群，集群的繁荣又促进着集群内企业的快速发展，企业和集群是相互作用的。中小企业集群互助担保组织一般由集群内资金雄厚的几家企业出资成立，并占有较大比例的股份，为自身和集群内其他中小企业获取贷款资金提供一个新型的融资渠道，促进着集群及集群内企业的共同发展。同时，中小企业集群互助担保组织有着明显的地域性特征，主要是为集群内中小企业提供融资担保服务，也有些互助担保组织甚至是封闭式经营管理，只为会员企业提供服务。集群内企业了解当地经济情况，又因为业务往来、企业主关系等原因，互助担保组织更容易掌握借款企业的经营和财务状况，减少了两者之间的信息不对称程度，降低了担保风险，从而提高了互助担保组织与集群内急需资金企业合作的可能性。互助担保组织的本质是一个独立团体，而非政府、银行等组织的下属机构。互助担保组织的建立是为了帮助中小企业融通资金，虽然有政府资金的支持并提供互助担保组织的发展方向、与银行等金融机构的合作关系，但是政府和金融机构均不干涉互助担保组织的经营活动，互助担保组织遵循章程设立管理层，自行筹集运营资金和实施经营策略独立运营。

表3-2列示了五种互助担保融资模式的优点与发展中存在的问题。任何一种互助担保融资模式的发展都可以借鉴其他模式的运营经验，从而更好地完善运营机制，更大限度地解决中小企业融资难的问题。

表3-2　　　　　　　　五种互助担保融资模式的优点和所面临问题

机构类型	优点	面临的问题
小额贷款公司	1. 申请门槛低 2. 服务覆盖面广 3. 程序简便，放款速度快 4. 市场化经营 5. 提高贷款安全性	1. 风险管控能力差 2. 融资渠道窄 3. 定位不明 4. 税收负担重
互助担保公司	1. 融资成功率高 2. 融资金额大 3. 担保专业性强	1. 缺乏有效监管 2. 盈利能力差 3. 定位问题 4. 政府干预过多
民间融资服务中心	1. 激活民间资本 2. 手续简便，放款速度快 3. 利率公开，规范经营 4. 降低贷款成本	1. 缺乏相关法律法规的支持 2. 社会诚信体系不完善 3. 缺少专业人才，风控能力差
互助担保基金	1. 承担有限担保责任 2. 易获取贷款，节约贷款成本 3. 风险可控性增强	1. 政府扶持力度不足 2. 基金规模小
互助合作促进会	1. 银行发起，获贷容易 2. 分集群管理，企业守信度提高 3. 承担有限担保责任	1. 政府支持力度不足 2. 银行干预过多，制度设计不完善 3. 缺乏风控手段和风险分散机制

从以上对不同互助担保融资模式优劣势的对比中可以得出以下结论。（1）当前政府对互助担保融资的支持力度不足，政府应加快立法进程，出台针对互助担保融资的法律法规，明确互助担保组织的性质、定位，规范互助担保组织的行为，同时，依照这些规定，政府可以适当地对互助担保融资加大支持力度，为互助担保融资的发展保驾护航。（2）中国

民间资本规模大，但缺乏投资途径，可以借鉴民间融资服务中心模式拓宽互助担保组织的资金来源，搭建民间资本顺利流入实体经济的通道，促进民间资本和实体经济双赢的局面。（3）风险控制手段和风险分散机制对于互助担保组织来说十分重要。风险控制手段能够控制借款风险的范围，降低借款企业的违约风险；风险分散机制能够在借款企业出现违约时使互助担保组织所承担的风险比例减小。有效的风险控制手段和风险分散机制可以降低互助担保组织整体的风险，使其能够更好地发挥缓解中小企业融资难问题的作用。但目前还未出现有效的风险控制手段和风险分散机制，还需要社会各界进一步的探索。（4）银行等金融机构可以参与互助担保组织的建立，承担企业担保贷款中一定的清偿责任。这一举措不仅可以拓宽互助担保组织的资金渠道，而且可以激励金融机构积极主动地识别企业借款风险，降低金融机构、互助担保组织和中小企业之间的信息不对称程度。（5）尽快完善社会诚信体系，利用产业集群融资的信息优势和企业之间的相互监督，可以提高企业的守信度，增强互助担保组织对合作银行的谈判能力，争取优惠贷款，节约贷款成本，加快放贷速度。

第4章

中小企业集群互助担保融资的现状分析

集群内中小企业之间的互助担保行为从本质来说就是一种交易行为，也就是用本企业的信用为其他企业的信用作保证的一种信用交换行为。中小企业集群互助担保行为是一个盘根错节的问题，从担保关系上来看，由于集群内中小企业之间错综复杂的交易关系，中小企业集群互助担保行为不仅涉及本企业、金融机构和被担保企业，还涉及企业的股东、管理层等各个方面的关联方；从担保方式上来看，中小企业集群互助担保融资方式可以采用保证、连带责任担保、最高额担保等担保方式。但是，由于集群内中小企业之间错综复杂的交易关系，中小企业过度担保可能会给本企业、金融机构和被担保企业等带来不利影响，如果仅从中小企业集群互助担保融资模式方面阐述中小企业集群互助担保融资发展现状是远远不够的。本章以2006～2018年中国深圳证券交易所上市的位于长三角地区的A股非金融类中小企业为集群样本，共计949个观测数据。其中，担保数据来源于Wind资讯，财务数据来源于国泰安CSMAR数据库和锐思金融研究数据库。按照对互助担保融资的定义，分别从中间层面（即企业接受了其他企业的担保是为了有机会参与互助担保，用企业接受的担保金额来衡量互助担保金额）及广义层面（即对外担保就是企业的互助担保融资，用企业的对外担保金额来衡量互助担保金额）的担保数据统计描述和分析当前中国中小企业集群互助担保融资的发展特征，从而揭示中小企业集群互助担保融资的发展现状，并为进一步的研究提供分析基础。

4.1 中间层面的互助担保融资统计分析

4.1.1 担保频率高、担保金额大

由表4-1可以看出，2006年和2007年没有中小企业参与互助担保融资，2008~2018年每年参与互助担保融资的中小企业在20家左右，其中，2011年参与互助担保融资的中小企业最多，为22家，占中小企业总数的30.137%。2011年以后中小企业参与互助担保融资的积极性开始下降，尤其是2011年出现众多中小企业业主"跑路"事件后，涉及互助担保融资的中小企业个数逐年下降。但2015年之后互助担保融资数量有所回升，稳定在20家左右。

表4-1　　　　　　　　2006~2018年参与互助担保融资的
中小企业数量与担保金额（中间层面）

年度	企业总数（家）	参与互助担保的企业		担保余额（万元/家）	关联担保金额（万元/家）
		数量（家）	百分比（%）		
2006	73	0	0	0	0
2007	73	0	0	0	0
2008	73	18	24.658	32904.180	8045.278
2009	73	15	20.548	29061.100	7893.893
2010	73	19	26.027	42933.080	25332.260
2011	73	22	30.137	4336.863	4049.784
2012	73	17	23.288	27902.190	16178.000
2013	73	12	16.438	26389.070	3520.519
2014	73	10	13.699	5754.886	4173.200
2015	73	19	26.027	38962.240	97049.320
2016	73	18	24.658	43449.470	117711.600
2017	73	20	27.397	64475.730	134710.400
2018	73	20	27.397	91062.410	174560.000

注：担保数据来源于Wind资讯数据库，其他数据来源于国泰安CSMAR数据库，并经笔者整理。

从表 4 - 1 可以看出，中小企业参与互助担保融资的金额较大，2018年参与互助担保融资的中小企业平均每家为 91062. 410 万元，也是 2006～2018 年中金额最高的一年。同时，从担保类别上看，关联担保金额也比较高，这是因为相比于非关联企业，关联企业之间有比较密切的关系，更易组成互助担保组织来实施互助担保融资。

4.1.2　盈利能力较弱

盈利能力可以用来衡量中小企业的担保能力，盈利能力越高表明中小企业对外能够提供信用资源的能力越强，即企业抵抗因互助担保行为产生的担保风险的能力越强，因此，本章以净资产收益率来表示中小企业的盈利能力。根据表 4 - 2 数据显示，2006～2018 年参与互助担保融资的中小企业的净资产收益率的年度平均值为 10. 072% (用2006～2018 年内所有参与互助担保融资的中小企业净资产收益率之和除以参与互助担保融资的样本数)，而未参与互助担保融资的中小企业的净资产收益率为 9. 215% (用 2006～2018 年内所有未参与互助担保融资的中小企业净资产收益率之和除以未参与互助担保融资的样本数)。可见，未参与互助担保融资的中小企业净资产收益率稍高于参与互助担保融资的中小企业净资产收益率，说明整体上未参与互助担保融资的中小企业的盈利能力较好。除了 2006 年和 2007 年没有中小企业参与互助担保融资外，2008 年以后每年都有中小企业参与互助担保融资，参与互助担保融资的中小企业的净资产收益率都高于未参与互助担保融资的中小企业的净资产收益率。这一现象说明，互助担保融资使得中小企业的盈利能力有所降低。究其原因，可能是互助担保融资能缓解中小企业融资难的问题，使企业拥有足够的资金进行生产经营，但过度地使用互助担保融资，增加了中小企业的或有负债，降低了中小企业的盈利能力。

表 4 - 2   2006～2018 年中小企业的
净资产收益率分布（中间层面）   单位：%

项目		2006 年	2007 年	2008 年	2009 年	2010 年
净资产收益率	未参与互助担保	10.012	10.305	10.901	12.597	11.191
	参与互助担保	0	0	6.722	8.618	10.722

项目		2011 年	2012 年	2013 年	2014 年	2015 年
净资产收益率	未参与互助担保	10.648	9.190	6.370	7.572	8.177
	参与互助担保	6.368	6.203	5.733	4.209	6.396

项目		2016 年	2017 年	2018 年	平均值	
净资产收益率	未参与互助担保	9.962	11.139	7.884	10.072	
	参与互助担保	9.152	8.741	-0.213	9.215	

注：担保数据来源于 Wind 资讯数据库，其他数据来源于国泰安 CSMAR 数据库，并经笔者整理。

4.1.3 存在过度担保行为

考察中小企业的互助担保规模虽然很重要，但其并不能衡量中小企业所承担的担保风险。一方面，尽管一些中小企业互助担保金额较大，但由于其资本雄厚，中小企业所承担的担保风险不会影响本企业的正常营运；另一方面，一些中小企业的自有资本积累少或财务状况差，即使企业只有很小规模的互助担保金额，当发生借款企业违约事项时，企业所承担的担保风险也会给本企业带来灭顶之灾。而中小企业的互助担保行为是以股东财富进行的风险投资，其所能承受的担保风险仅仅以企业的净资产大小为限，因此，可以用企业担保总额占净资产比率即净资产担保率[①]来衡量互助担保给中小企业带来的担保风险大小。净资产担保率越高，说明中小企业所面临的担保风险越大，存在过度担保行为。

从表 4 - 3 的数据可以看出，2006～2018 年净资产担保率（即互助担保总额占净资产比率）小于 0% 的为 0，净资产担保率超过 50% 的中小企

---

① 本章参照饶育蕾等（2008）对过度担保的测度，当净资产担保率的值小于 0 或大于中位数则称为过度担保；当净资产担保率的值在 0 到中位数之间则称为适度担保。

业 2018 年有 6 家，净资产担保率超过 100% 的中小企业 2018 年有 3 家，净资产担保率大于 200% 的中小企业 2018 年有 2 家，说明虽然集群内的中小企业存在过度担保，但风险尚处于可控范围之内。

表 4 – 3　　　　2006～2018 年中小企业的净资产担保率分布（中间层面）

年度	净资产担保率≤0%	净资产担保率≥50%	净资产担保率≥100%	净资产担保率≥200%
2006	0	0	0	0
2007	0	0	0	0
2008	0	2	2	0
2009	0	4	0	0
2010	0	3	1	0
2011	0	5	1	0
2012	0	2	1	0
2013	0	1	0	0
2014	0	0	0	0
2015	0	4	1	0
2016	0	2	1	0
2017	0	3	0	0
2018	0	6	3	2

注：担保数据来源于 Wind 资讯数据库，其他数据来源于国泰安 CSMAR 数据库，并经笔者整理。

4.2　广义层面的互助担保融资统计分析

4.2.1　担保频率高、担保金额大

由表 4 – 4 的数据可以看出，2006～2018 年长三角地区每年参与互助担保融资的中小企业数量占总体的比例较高，平均每年披露互助担保融资的中小企业占当年中小企业总数的 50% 左右。从这 13 年的统计数据可知，参与互助担保融资的企业数呈现先增后减再增的趋势，特别是 2008

年全球金融危机发生后，参与互助担保融资的中小企业数量逐年下降，但 2015 年开始参与互助担保融资的企业数量呈增长的趋势。

表 4 – 4 　　　　　　　　2006～2018 年参与互助担保融资的
中小企业数量与担保金额（广义层面）

年度	企业总数（家）	参与互助担保融资的中小企业		担保余额（万元/家）	关联担保金额（万元/家）
		数量（家）	百分比（%）		
2006	73	34	46. 757	19450. 265	5867. 500
2007	73	56	76. 712	10016. 526	3610. 714
2008	73	53	72. 603	15535. 472	5065. 660
2009	73	39	53. 425	13082. 308	10001. 533
2010	73	49	67. 123	7532. 531	7097. 962
2011	73	51	69. 863	4336. 863	4049. 784
2012	73	47	64. 384	2999. 574	627. 660
2013	73	44	60. 274	2588. 636	886. 364
2014	73	41	56. 164	2304. 390	1402. 439
2015	73	54	73. 973	16633. 75	86176. 370
2016	73	59	80. 822	15731. 77	70934. 370
2017	73	59	80. 822	29018. 36	121548. 200
2018	73	62	84. 932	38688. 65	174483. 000

注：担保数据来源于 Wind 资讯数据库，其他数据来源于国泰安 CSMAR 数据库，并经笔者整理。

从表 4 – 4 的数据可以看出，每年参与互助担保融资的中小企业的担保余额较大，2008 年后平均每家中小企业的担保余额逐年下降，但 2015 年后平均每家中小企业的担保余额又开始上升。同时，从担保类别上看，关联担保的比重较大，这是因为相比于非关联企业，关联企业之间有比较密切的关系，更易组成互助担保组织来实施融资担保行为。

4.2.2　盈利能力较弱

根据表 4 – 5 数据显示，2006～2018 年未参与担保的中小企业的净资产收益率的年度平均值为 11.784%（用 2006～2018 年内所有未参与互助担保融资的中小企业净资产收益率之和除以未参与互助担保融资的样本数），参与担保的中小企业的净资产收益率的年度平均值却为7.999%（用2006～2018年内所有参与互助担保融资的中小企业净资产收益率之和除以参与互助担保融资的样本数），且每年未参与互助担保融资的中小企业的净资产收益率均高于参与担保的中小企业的净资产收益率。可见，参与互助担保融资的中小企业相对于未参与互助担保融资的中小企业而言盈利能力较差。

表4-5　　　　　　　　　　2006～2018年中小企业的
净资产收益率分布（广义层面）　　　　单位：%

项目		2006 年	2007 年	2008 年	2009 年	2010 年
净资产收益率	未参与互助担保	10.256	12.802	7.914	12.209	13.837
	参与互助担保	9.800	7.442	7.610	11.463	8.519
项目		2011 年	2012 年	2013 年	2014 年	2015 年
净资产收益率	未参与互助担保	10.800	7.169	7.717	12.169	7.872
	参与互助担保	9.641	6.536	5.253	7.951	7.254
项目		2016 年	2017 年	2018 年	平均值	
净资产收益率	未参与互助担保	9.628	8.934	10.456	11.784	
	参与互助担保	9.159	7.271	2.509	7.999	

注：担保数据来源于 Wind 资讯数据库，其他数据来源于国泰安 CSMAR 数据库，并经笔者整理。

产生这一现象的原因可能是中小企业为取得贷款需要担保，银行等金融机构更看重信誉较好的中小企业，中小企业之间往往通过担保进行融资，同时，中小企业自身对担保风险识别和控制能力较差，而过度的担保不仅增加了中小企业的或有负债，降低了中小企业的抗风险能力，还使中小企业的盈利能力有所下降。因此，参与互助担保融资的中小企业相对于未参与互助担保融资的中小企业而言盈利能力较差。

4.2.3　存在过度担保行为

从表4-6可以发现，很多中小企业的净资产担保率达到100%以上，甚至超过200%，还有少数中小企业净资产为负时还存在担保。例如，净资产担保率大于200%的中小企业2009年和2010年均有16家，净资产担保率大于100%的中小企业2007年有40家，净资产担保率大于50%的中小企业2007年和2010年均有55家，净资产担保率小于0%的中小企业数2015年有17家。从这些数据可以看出，总体上中小企业的过度担保现象严重。

表4-6　　　　　2006～2018年中小企业的净资产担保率分布（广义层面）

年度	净资产担保率≤0%	净资产担保率≥50%	净资产担保率≥100%	净资产担保率≥200%
2006	2	50	36	7
2007	6	55	40	12
2008	12	43	25	11
2009	3	48	36	16
2010	5	55	37	16
2011	4	54	27	10
2012	5	46	19	3
2013	7	44	24	3
2014	5	47	30	7
2015	17	13	5	3
2016	13	10	6	1
2017	14	11	4	0
2018	10	16	10	4

注：担保数据来源于Wind资讯数据库，其他数据来源于国泰安CSMAR数据库，并经笔者整理。

产生这一现象的原因可能是中小企业自身可抵押资产较少、规模小等，能够获得银行贷款的中小企业越来越少。而担保具有降低信息不对称、转嫁风险等优势，中小企业为取得贷款需要担保。随着银行业监管的加强，银行等金融机构对信贷风险的重视程度逐渐提升，为取得贷款，中小企业之间相互担保，从而形成担保链。例如，A企业给B企业提供担保，A企业可能会要求B企业给本企业、本企业的关联企业或与本企业有担保关系的其他企业提供担保，由此形成了担保链。然而中小企业过多采用担保容易导致过度担保，企业所承担的潜在代偿责任增大，加剧了中小企业的担保风险，一旦被担保企业无法偿还贷款，该企业很可能破产，严重制约中小企业的发展，甚至牵连担保链上的其他相关企业。

4.3 中小企业集群互助担保融资过程中存在的问题

中国中小企业集群互助担保融资过程中形成的现有模式各有利弊，通过上述对中小企业集群互助担保融资五种模式的描述与互助担保融资发展的统计特征分析，发现中小企业互助担保融资在发展过程中还存在一些问题，不同程度地制约了互助担保融资模式的发展。

4.3.1 专门的监管机构与监管法规尚不完善

有法可依是互助担保融资能够顺利实施的重要保证，尽管中国互助担保融资发展至今已有 10 余年的经验，但对中小企业集群互助担保融资的监管仍然较弱，相关法律法规还不够完善。目前，明确地对中小企业互助担保融资进行引导和约束的法律法规主要有 2002 年第九届全国人民代表大会常务委员会第二十八次会议通过，并于 2017 年第十二届全国人民代表大会常务委员会第二十九次会议修订的《中华人民共和国中小企业促进法》，更有操作性的相关法规急待出台。

政府的支持是中小企业互助担保融资健康发展的保证，目前政府对互助担保组织的扶持方式主要有财政出资建立互助担保组织、补偿管理基金、减免税费等，虽然扶持方式种类多种多样，但是大多具有暂时性的特征，无法从根本上解决支持中小企业互助担保融资的机制问题。在现有情况下，本书认为可以从以下几个方面考虑：（1）加强行业协会等组织的建设，让行业协会调节行业内企业关系、加强上下游企业之间的交流，促进企业间互助担保融资的发展；（2）设置专门管理中小企业互助担保组织的机构，与银保监会等管理部门联合监控，重点监控 3 年以上连续不间断地参与互助担保的企业、互助担保行为具有空间正向影响的行业内的企业融资行为等；（3）完善再担保体系，政府针对互助担保组织实施再担保，维护互助担保组织与金融机构合作，以此扶持和促进互助担保融资健康发展。

4.3.2　互助担保组织的定位不够明确

互助担保融资是在特定的环境下产生的特定模式，经济现象的复杂性使监督管理也缺乏参照，导致许多互助担保组织定位不明确，制约了中小企业互助担保融资的发展。现有的互助担保组织主要有小额贷款公司、互助担保公司等，但本质上来说小额贷款公司虽然实际经营金融业务，但是其注册登记却是在非金融机构，并未纳入银保监会的监管。互助担保公司是专门考察贷款企业风险的风险控制机构，它应该是银行贷款业务的一个补充，但实际上互助担保公司长期缺乏专业人才，风险调查工作无法与银行相比。并且企业申请担保时需要提供抵押等反担保措施才能够获得担保公司的担保，导致互助担保公司名不符实。而同时人民银行和银保监会对互助合作促进会并不认可，认为互助合作促进会的担保业务与银行联系密切，其不能完全独立于银行运行。

实际运行中，互助担保组织、金融机构、当地政府可以联合成立一个公共信息平台，这个平台可以监督和完善中小企业的互助担保融资行为。金融机构和政府通过公共信息平台来共同发布互助担保贷款发放和贷款优惠信息，涉及互助担保融资的中小企业要及时登录公共信息平台参与信息动态互动，这样可以获取企业登记资金的用途与去向。互助担保组织内企业也可以通过该信息平台对其他成员企业的行为进行监督，为了维护自身与组织的利益可以举报贷款成员企业有违约隐患的行为。互助担保组织、成员企业、金融机构和政府均可通过该平台公布和查询互助担保的相关信息，从而提高利益相关各方的信息透明度，缓解中小企业互助担保融资的逆向选择问题。

4.3.3 关联企业互助担保圈现象严重

中小企业由于自有资金少、资产负债率高等先天劣势，无法提供合格的银行担保抵押品，在此环境下，中小企业自然利用了中小企业集群的优势，采取互助担保模式向银行融资，涉及互助担保的中小企业数量越来越多，担保金额也越来越大。从担保对象来看，中小企业集群互助担保的对象多为关联企业，基于经营需求、社会关系等原因，一家企业可能会参与多个互助担保融资组织，中小企业之间相互交错的担保关系形成一个担保圈。中小企业互助担保融资多采用信用连带责任担保，从而形成一个高风险担保的互助担保圈现象。若出现被担保企业违约，担保风险就如"多米诺骨牌"随着担保圈急速蔓延开来，存在发生担保危机和经济危机的隐患。

中小企业应该建立一种判断自身风险的识别机制，建立包括担保指标、企业发展前景评估、财务管理指标在内的企业风险识别指标体系，提高中小企业识别自身风险的能力，完整了解企业自身，了解互助担保融资的风险性，不盲目参与互助担保融资。而互助担保组织应建立一种风险识别制度，重点识别盈利能力强、资产营运能力好、资产负债率高和股权集中度低、成立时间长的中小企业，一方面可以降低组织内成员企业发生贷款违约的可能性，另一方面可以缩小互助担保组织的规模，大幅度降低复杂的担保关系带来的担保风险。

4.3.4 互助担保行为的偏好和连续性特征导致过度担保行为

互助担保具有降低信息不对称、转嫁风险等优势，大多数中小企业为取得贷款需要担保并形成担保链。然而中小企业过多采用担保容易导致过度担保，企业所承担的潜在代偿责任增大，加剧了中小企业的担保风险，一旦被担保企业无法偿还贷款，该企业很可能破产，严重制约中小企业的发展，甚至牵连到担保链上的其他相关企业。

凡参与过互助担保融资的中小企业，普遍认为互助担保融资具有手续简便、融资成功率高等优势，进而就会倾向于采取互助担保行为进行融资，从而形成中小企业具有互助担保行为的融资偏好。中小企业实施互助担保融资行为较为频繁，具有互助担保行为的连续性特征，连续不断地采取互助担保模式为本企业进行融资。同时，中小企业对自身担保风险识别和控制能力较弱，连年的互助担保使得企业担保金额过大，导致中小企业出现过度担保的现象，企业所承担的潜在代偿责任增大，加剧了中小企业的担保风险。若出现违约事件，企业资产便无法偿还，存在破产清算的可能，增大了中小企业发生危机的可能性。

第5章
中小企业集群互助担保融资与其诱因的关系测度

中小企业集群互助担保融资模式引起了政府、学术界、实业界等多方的关注。互助担保融资在解决中小企业资金短缺问题的同时也引发了诸多问题，如中小企业涉及担保诉讼、资金链断裂企业主"跑路"等事件。不少中小企业因为互助担保行为的连带责任面临破产清算，更严重的是造成了整个行业的连环震荡，诱发经济危机。为了寻找有效途径来提高互助担保融资模式的适用性，研究影响中小企业互助担保融资行为的因素就显得尤为重要。

由于狭义的中小企业集群互助担保企业数据较少，且能收集到的数据不连续，不能形成系统平衡的面板数据，无法对狭义中小企业集群互助担保的数据进行实证检验，进而无法全面有效地分析中国中小企业互助担保融资行为。因此，本章采用中间层次的中小企业集群互助担保数据以及广义层次的中小企业集群互助担保数据进行实证检验。

5.1 理论分析与研究假设

5.1.1 盈利能力与互助担保融资的关系

盈利能力较强的中小企业一般拥有丰富的留存收益，它在需要融资时一般会优先考虑内源融资，同时会相应降低对外源融资的需求。另外，这类中小企业具有较低的风险，银行等金融机构对其贷款时会要求较低的担保。因此，本章提出中小企业的盈利能力越强，需要依靠互助担保进行融资的可能性就越低。本章选取净资产报酬率来反映中小企业的盈利能力。基于此，本章提出假设1。

H1：中小企业盈利能力强会降低企业参与互助担保的积极性，即二者呈负相关关系。

5.1.2　营运能力与互助担保融资的关系

相比于大型企业，中小企业的资金较少，企业资产营运能力的高低关系到企业所面临风险的大小。企业资产营运能力好，贷款风险较低，金融机构对其贷款时要求的担保较少，中小企业更不依赖于互助担保进行融资。本章采取总资产周转率来代表中小企业的营运能力。基于此，本章提出假设2。

H2：中小企业营运能力强会降低企业参与互助担保的积极性，即二者呈负相关关系。

5.1.3　偿债能力与互助担保融资的关系

一般来说，在其他条件不变的情况下，拥有较低偿债能力的企业，它的贷款违约风险较大。因为偿债能力低的中小企业向金融机构申请贷款时，较高的违约风险可能需要提供更高的贷款担保。因此，低偿债能力的中小企业在这种情况下，更多是采取互助担保来进行融资。本章采用资产负债率作为偿债能力的代理变量，资产负债率的大小与偿债能力的高低成反比。基于此，本章提出假设3。

H3：中小企业偿债能力差会增加企业参与互助担保的可能性，即二者呈负相关关系。

5.1.4　股权集中度与互助担保融资的关系

股权集中度能够反映企业控股股东对企业的控制能力，一般情况下，股权集中度越高，控股股东对企业的控制能力就越强。当控股股东持股比例过高时，控股股东为了维护自身利益，不希望自己的企业为其他企业提供担保而增加本企业的或有负债，使得自己的企业资源外流、风险加大、利益受损。因此，股权集中度越高的企业对于互助担保融资的依赖性就会越小。本章采取前五大股东持股比例来反映中小企业的股权集中度。基于此，本章提出假设4。

H4：中小企业股权集中度高会降低中小企业参与互助担保的积极性，即二者呈负相关关系。

5.2　研究设计

5.2.1　变量定义与描述

考虑到中小企业集群互助担保行为所产生的或有风险将直接影响到企业股东的权益，本章选取中小企业互助担保率作为因变量，互助担保率的计算公式为：互助担保率＝当年中小企业互助担保融资总额/当年净资产×100%。互助担保融资总额又分为中间层面的互助担保融资总额和广义层面的互助担保融资总额：中间层面的互助担保融资总额是企业的对外担保和接受担保总额；广义层面的互助担保融资总额是企业的对外担保总额。因此，根据互助担保融资总额的区分可分为中间层面互助担保率和广义层面互助担保率两个因变量。

同时，本章参考现有的关于中小企业互助担保融资影响因素的实证研究文献，从盈利能力、偿债能力、营运能力、股东控制能力等几个方面选取了4个解释变量和3个控制变量作为中国中小企业互助担保行为诱因测度的自变量。相关变量的含义及度量方法如表5-1所示。

表 5 - 1 变量定义

分类	变量代码	变量类型	度量
因变量	DB1	中间层面互助担保率	用中间层面互助担保融资总额/净资产×100% 表示
	DB2	广义层面互助担保率	用广义层面互助担保融资总额/净资产×100% 表示
解释变量	ROE	盈利能力	用净资产收益率（即净利润/净资产）表示
	TB	偿债能力	用资产负债率（即总负债/总资产）表示
	TAT	营运能力	用总资产周转率（即销售收入/总资产）表示
	GQF	股权集中度	用前五大股东持股股数/总股数×100% 表示
控制变量	SIZE	企业规模	用总资产的自然对数表示
	AGE	上市年限	财务报告年份减去上市年份
	FAR	抵押能力	用固定资产净值/总资产表示
	YEAR	年度	设为虚拟变量，当处于该年度设为1，否则为0
	IND	行业	设为虚拟变量，当处于该行业设为1，否则为0。根据 2012 版证监会行业分类，本书样本分为 14 个行业，分别代表：A. 农、林、牧、渔业；B. 采矿业；C. 制造业；D. 电力、热力、燃气及水生产和供应业；E. 建筑业；F. 批发和零售业；G. 交通运输、仓储和邮政业；H. 住宿和餐饮业；I. 信息传输、软件和信息技术服务业；K. 房地产业；L. 租赁和商务服务业；N. 水利、环境和公共设施管理业；R. 文化、体育和娱乐业；S. 综合

5.2.2 模型设计

为验证上述的研究假设，本章采用如下面板数据计量模型进行分析：

$$DB1 = c + \alpha_1 ROE + \alpha_2 TB + \alpha_3 TAT + \alpha_4 GQF + \alpha_5 SIZE + \alpha_6 AGE +$$

$$\alpha_7 FAR + \sum_{k=1}^{8} \lambda_k YEAR_k + \sum_{j=1}^{13} \gamma_j IND_{j,t} + \varepsilon \qquad (5.1)$$

$$DB2 = c + \beta_1 ROE + \beta_2 TB + \beta_3 TAT + \beta_4 GQF + \beta_5 SIZE + \beta_6 AGE +$$

$$\beta_7 FA + \sum_{k=1}^{8} \lambda_k YEAR_k + \sum_{j=1}^{13} \gamma_j IND_{j,t} + \varepsilon \qquad (5.2)$$

其中，模型（5.1）研究的是中间层面互助担保率（DB1）及其影响因素分析，模型（5.2）研究的是广义层面互助担保率（DB2）及其影响因素分析。c 为常数，$\alpha1 \sim \alpha7$、$\beta1 \sim \beta7$、γ、λ 为自变量系数，ε 为残差，ROE 表示盈利能力，TB 表示偿债能力，TAT 表示营运能力，GQF 表示股权集中度，$SIZE$ 表示企业规模，AGE 表示上市年限，FAR 表示抵押能力，IND 表示行业虚拟变量，$YEAR$ 表示为年度虚拟变量。

5.2.3 样本选择与数据来源

本章的实证主要是从企业自身角度出发，探讨中小企业集群互助担保融资行为的影响因素。本章的实证研究选取的初始样本是：2006 ~ 2018 年长三角经济圈深圳证券交易所的 A 股非金融企业。按以下标准剔除不符合要求的观测数据：（1）互助担保的比例数据缺失；（2）企业资产总额大于 4000 万元；（3）缺失资产报酬率、资产负债率等重要变量；（4）财务报表信息不完整；（5）资产负债率大于 1。因此，最终的样本包括 949 个平衡面板数据。由于研究样本量比较大，为了缓解异常值对实证研究结果的影响，本章对观测数据进行了缩尾调整处理。

担保数据主要来源于 Wind 资讯，财务数据来源于国泰安 CSMAR 数据库和锐思金融研究数据库。

5.3 实证结果及分析

5.3.1 描述性统计分析

通过表 5 - 2 可知，中间层面互助担保率的均值为 5.860，最小值为 0.000，最大值为 221.150，中位数为 0.000，方差为 19.311；广义层面互助担保率的均值为 17.483，方差 32.192，最小值为 0.000，最大值为 242.220，中位数为 4.820。可见不论是中间层面还是广义层面的互助担保率，都存在过度担保的中小企业。盈利能力的均值为 0.989，偿债能力的均值为 0.469，说明中小企业的盈利能力较弱，偿债能力也较弱，可能跟过度担保有关。营运能力的均值为 0.964，说明中小企业的营业能力较好，股权集中度的均值为 45.421，说明股权也较集中。

表 5 - 2　　　　　　　　　主要变量的描述性统计分析

变量	样本数	平均值	方差	最小值	最大值	中位数
$DB1$	949	5.860	19.311	0.000	221.150	0.000
$DB2$	949	17.483	32.192	0.000	242.220	4.820
ROE	949	0.989	0.326	−0.703	9.397	0.083
TB	949	0.469	0.205	0.022	2.394	0.471
TAT	949	0.964	1.139	0.000	9.516	0.696
GQF	949	45.421	17.039	2.682	89.231	46.411

5.3.2　多重共线性检验

为了避免所建模型的多重共线性，对选定的 7 个变量进行多重共线性检验。本章使用的检验指标是方差膨胀因子（variance inflation factor，VIF）。一般来说，VIF 值大于 10 时认为具有较高的多重共线性。VIF 检验的结果如表 5 - 3 所示，7 个变量的 VIF 均小于 10，可认为各变量之间不存在显著的多重共线性。

表 5 - 3　　　　　　　　　多重共线性检验

因子	ROE	TB	TAT	GQF	$SIZE$	AGE	FAR	平均值
VIF	1.10	1.29	1.04	1.14	1.47	1.46	1.16	1.24

5.3.3　中间层面互助担保融资的多元回归分析

本章采用中间层面定义的互助担保数据，运用混合回归模型对中国中小企业集群互助担保行为影响因素进行实证检验，结果如表 5 - 4 所示。为了能够更清楚地阐述盈利能力、营运能力、偿债能力和股权集中度这四个解释变量与中小企业参与互助担保融资之间的关系，表 5 - 4 中

中小企业集群互助担保融资及违约治理研究

第（1）列到第（4）列分别列示了单个解释变量和控制变量的实证结果，第（5）列列示了所有自变量的实证结果。

表5－4 中小企业集群互助担保融资诱因的实证结果（中间层面）

变量名	模型（1）	模型（2）	模型（3）	模型（4）	模型（5）
ROE	−3.614* (0.057)				−9.365*** (0.000)
TB		31.280*** (0.000)			36.950*** (0.000)
TAT			−1.203** (0.040)		−1.304** (0.020)
GQF				0.027 (0.519)	0.039 (0.333)
SIZE	0.975 (0.145)	−1.257* (0.067)	0.968 (0.147)	0.851 (0.213)	−1.665** (0.016)
AGE	−0.052 (0.748)	0.218 (0.161)	0.039 (0.808)	−0.027 (0.870)	0.274* (0.077)
FAR	3.365 (0.278)	4.306 (0.148)	3.590 (0.247)	3.853 (0.216)	3.740 (0.204)
YEAR	控制	控制	控制	控制	控制
IND	控制	控制	控制	控制	控制
C	−15.295 (0.330)	25.400 (0.106)	−15.328 (0.329)	−14.672 (0.351)	31.476 (0.043)
样本数	949	949	949	949	949
R－squared	0.054	0.150	0.078	0.074	0.179

注：括号内数值为 p 检验值；*、**、***分别表示在10%、5%、1%的水平上显著。

根据表5－4中小企业集群互助担保融资诱因的实证结果，可以得出以下结论。

第一，盈利能力（ROE）在模型（1）、模型（5）中影响为显著，说明企业的盈利能力对中小企业互助担保行为具有显著的负向影响，与前面提到的假设相符。说明中小企业的盈利能力越强，需要依靠互助担保进行融资的可能性就会越低。因此，盈利能力好的中小企业不倾向于采取互助担保模式进行融资。

第二，资产负债率（*TB*）在模型（2）和模型（5）中影响均为显著，说明财务杠杆对中小企业互助担保行为有显著正向影响，与前面假设一致。中国中小企业在互助担保融资行为中存在逆向选择问题。互助担保行为实质上是企业之间的信用交换行为，但是，在这一过程中存在逆向选择问题，风险低的企业从自身利益考虑，通常不会将自身"好信用"与其他企业"差信用"进行交换，相反，积极参与互助担保进行信用交换的企业多为财务风险高、信用资源不好的企业。

第三，总资产周转率（*TAT*）在模型（3）和模型（5）中影响显著，企业的资产质量对中小企业互助担保行为呈现显著的负向影响。产生这一现象的原因可能是，中小企业拥有的可处置的自有资产少，且这些资产变现能力较低，企业从银行等金融机构获取抵押担保贷款的可能性也就较小。资产质量良好的企业通过互助担保组织增加自身信用，对于银行等金融机构来说，资产质量良好的中小企业也提供了银行贷款还款来源的第二层保障，有利于企业获取贷款。因此，中小企业拥有的资产质量越高，企业参与互助担保融资的可能性就会越低。

第四，股权集中度（*GQF*）在模型（4）和模型（5）中都显示影响不显著，这可能是因为企业的股权集中不是很高。当持股比例较高时，其在企业中所能分配到的利益较大，而企业参与互助担保会产生或有负债，增加企业风险，从而降低企业的整体利益，进而影响到控股股东自身的利益，因而控股股东不愿企业采取会损害自身利益的互助担保方式进行融资。

第五，从企业自身的发展情况来看，企业规模（*SIZE*）在模型（2）、模型（5）中为显著负向影响，但在模型（1）、模型（3）和模型（4）中影响不显著。可能的原因是，规模大的中小企业需要更多的资金来支持企业运营，而中小企业的融资渠道少，银行贷款是主要的外部融资渠道，规模大的中小企业只能更加依赖于通过互助担保进行银行等金融机构融资。

第六，企业年龄（*AGE*）在模型（5）中呈显著正向影响。银行等金融机构认为成立时间长的企业更有还款保障，因此，成立时间长的企业更倾向于采用互助担保进行融资。

第七，抵押能力（*FAR*）在所有模型中影响均不显著。

5.3.4 广义层面互助担保融资的多元回归分析

采用广义层面定义的互助担保数据，运用混合回归模型对中国中小企业集群互助担保行为影响因素进行实证检验，结果如表5-5所示。为了能够更清楚地阐述盈利能力、营运能力、偿债能力和股权集中度这四个解释变量与中小企业参与互助担保融资之间的关系，表5-5中第（1）列到第（4）列分别列示了单个解释变量和控制变量的实证结果，第（5）列列示了所有自变量的实证结果。

表5-5　　　　中小企业集群互助担保融资诱因的实证结果（广义层面）

变量名	模型（1）	模型（2）	模型（3）	模型（4）	模型（5）
ROE	-6.428 ** （0.037）				-20.665 *** （0.000）
TB		77.061 *** （0.000）			90.198 *** （0.000）
TAT			-1.496 *** （0.124）		-1.924 ** （0.024）
GQF				0.149 （0.030）	0.170 （0.006）
SIZE	5.032 *** （0.000）	-0.444 （0.671）	5.056 *** （0.000）	4.481 *** （0.000）	-1.616 （0.124）
AGE	0.214 （0.413）	-0.205 （0.388）	0.249 （0.352）	0.300 （0.254）	-0.309 （0.194）
FAR	10.254 ** （0.042）	12.355 *** （0.007）	10.689 ** （0.039）	11.751 ** （0.020）	11.032 ** （0.015）

续表

变量名	模型（1）	模型（2）	模型（3）	模型（4）	模型（5）
YEAR	控制	控制	控制	控制	控制
IND	控制	控制	控制	控制	控制
C	-94.698 *** (0.000)	5.277 (0.826)	-119.798 *** (0.000)	-92.793 *** (0.000)	10.279 (0.650)
样本数	949	949	949	949	949
R - squared	0.123	0.285	0.122	0.100	0.315

注：括号内数值为 p 检验值；＊、＊＊、＊＊＊分别表示在10％、5％、1％的水平上显著。

根据表 5 - 5 中小企业集群互助担保融资诱因的实证结果（广义层面），可以得出以下结论。

第一，盈利能力（*ROE*）在模型（1）、模型（5）中影响为显著，说明企业的盈利能力对中小企业互助担保行为有显著的负向影响，与前面提出的假设相符。这说明中小企业的盈利能力越强，需要依靠互助担保进行融资的可能性就会越低。因此，盈利能力好的中小企业不倾向于采取互助担保模式进行融资。

第二，资产负债率（*TB*）在模型（2）和模型（5）中影响均为显著，说明财务杠杆对中小企业互助担保行为有显著正向影响，与前面假设一致。这说明，中国中小企业在互助担保融资行为中存在逆向选择问题。互助担保行为实质上是企业之间的信用交换行为，但是，在这一过程中会存在逆向选择问题。风险低的企业从自身利益考虑，通常不会将自身"好信用"与其他企业"差信用"进行交换，相反，积极参与互助担保进行信用交换的企业多为财务风险高、信用资源不好的企业。

第三，总资产周转率（*TAT*）在模型（3）和模型（5）中影响显著，企业的资产质量对中小企业互助担保行为呈现显著的负向影响。产生这一现象的原因可能是，中小企业拥有的可处置的自有资产少，且这些资产变现能力较低，企业从银行等金融机构获取抵押担保贷款的可能性也就较小。资产质量良好的企业通过互助担保组织增加自身信用，对于银行等金融机构来说，资产质量良好的中小企业也确保了银行贷款还款来源的第二层保障，有利于企业获取贷款。因此，中小企业拥有的资产质量越高，中小企业参与互助担保融资的可能性越低。

第四，股权集中度（*GQF*）在模型（4）和模型（5）中都显示为不显著，说明股权集中度对中小企业集群互助担保融资行为的影响不显著。这说明，股权集中度越高，控股股东对企业的控制能力越强，控股股东为维护自身的利益，不希望企业为其他企业担保而增加本企业的或有负债，使本企业资源外流、风险加大、利益受损。但银行等金融机构并没有将企业的股权集中度纳入是否发放贷款的考虑标准，因而股权集中度对中小企业集群互助担保融资行为的影响不显著。

第五，从企业自身的发展情况来看，企业规模（*SIZE*）在模型（1）、模型（3）、模型（4）中为显著正向影响，在模型（2）和模型（5）中为影响不显著。可能的原因是，规模大的中小企业需要更多的资金来支持企业运营，而中小企业的融资渠道少，银行贷款是主要的外部融资渠道，规模大的中小企业只能更加依赖于通过互助担保进行银行等金融机构融资。

第六，企业年龄（*AGE*）在所有模型中影响均不显著。

第七，抵押能力（*FAR*）在所有模型中都呈现显著正向影响，说明中小企业具有良好的抵押能力会降低对互助担保的依赖性。然而中国中小企业的资产大多不符合银行等金融机构关于抵押品的标准，中小企业也无法提供足够的抵押品，还是需要额外的担保才能获取银行贷款，从而中小企业参与互助担保的可能性提高。

5.4 进一步分析

前面所述内容主要从企业自身角度研究分析了中小企业互助担保融资行为的影响因素，但是在实证过程中，并没有考虑中小企业互助担保行为之间的相互影响。吴玉鸣（2006）运用空间计量经济学理论的模型分析认为：一个区域空间单元上的某种经济现象或某一属性值与邻近区域空间单元上同一现象或属性值是相关的。也就是说，空间数据拥有空间自相关或空间依赖性的特征，然而在传统计量经济学的相关研究中，因为某些分析工具的限制，企业经常是被当作独立的个体进行分析，而忽略了企业行为之间空间上可能存在潜在的相互影响。因此，运用空间计量经济学分析方法来研究中小企业互助担保行为之间的相互影响还是十分必要的。

担保行为是企业的重大不确定事项，在中国，企业被要求必须在财务报告中披露担保事项，并且同一产业的企业之间信息传递迅速、信息的透明度较高。在现实中，任何一家企业都不会独立存在，它总是与同一产业内的其他企业有着千丝万缕的联系，所以每一家企业在选择融资方式时都会适当参考同一产业其他企业的财务决策，因此中小企业互助担保行为之间一定是存在相互影响的。从理论上来说，中小企业互助担保行为之间的相互影响主要包含两个方面。（1）正向影响，即传播效应。也就是说同一产业内其他企业实施互助担保的行为会促使另外的企业效仿这种模式进行融资。（2）负向影响，即抑制效应。同一产业内其他企业实施互助担保行为会降低其他企业采取互助担保模式进行融资的可能性。因此，可以说，互助担保行为是一种不确定事项，它将会增加企业的或有负债，使企业资源外流、利益受损，财务状况恶化的可能性提高，最终导致企业声誉受损、经营困难，中小企业看到同一产业其他企业实施互助担保而参与互助担保的可能性会降低。

布兰德和刘易斯（Brander and Lewis, 1986）指出，企业与同一产业其他企业在市场上的交流能够影响自身的财务和营运决策。基于此，本章进一步从市场的角度来分析中小企业互助担保行为是否以及如何受到同一产业其他企业的影响。本章以张振宇（2012）关于上市公司在市场上的经营战略互动对资本结构的影响为理论框架，同时也充分考虑市场存在的空间效应，采用空间计量经济学分析方法来创建空间面板数据模型，分析中小企业互助担保行为之间的空间影响机制。从市场的角度来分析中小企业互助担保行为之间的空间影响机制，主要是因为企业生产商品特性的差异，不同行业的中小企业互助担保行为之间并不具有可比性。本章按照中国证券监督管理委员会在 2012 年修订的《上市公司行业分类指引》的要求对中小企业进行了行业分类，采用同一行业的数据来分析中小企业互助担保行为之间的空间效应，行业名称及行业代码如表 5 - 6 所示。

表 5 - 6 　　　　　　　　　　　　　行业分类

行业名称	行业代码
农、林、牧、渔业	A
采矿业	B
制造业	C
电力、热力、燃气及水生产和供应业	D
建筑业	E
批发和零售业	F
交通运输、仓储和邮政业	G
住宿和餐饮业	H
信息传输、软件和信息软件服务业	I
房地产业	K
租赁和商务服务业	L
水利、环境和公共设施管理业	N
文化、体育和娱乐业	R
综合	S

吴玉鸣（2006）认为空间滞后模型主要研究的是因变量在某一空间是否存在扩散作用（也称溢出效应），反映了本样本的被解释变量不仅受到本样本解释变量的影响，同时还受到同一产业内其他样本被解释变量的影响。本章借鉴张振宇（2012）的理论推导，创建空间滞后模型来深入分析中小企业互助担保行为的相互影响：

$$y_{it} = \lambda \sum_{j \neq i} w_{ij,t} y_{jt} + x_{it} \beta + \varepsilon_{it} \quad i = 1, \cdots, n \quad t = 1, \cdots, T(i) \quad (5.3)$$

其中，w 表示空间权重矩阵；y 表示因变量；x 表示外生解释变量（自变量）；wy 表示空间滞后因变量；λ 表示空间滞后回归系数；β 表示自变量 x 的系数，说明样本观测值因变量的空间依赖作用，即同一产业内其他观测值对本观测值的影响方向和大小；i 公司有 $T(i)$ 个观测值，$\sum_{i=1}^{n} T(i) = N$ 表示一个行业所有观测值总数，ε 表示残差，t 表示年度。

空间滞后模型是空间自回归模型中的一种类型，李（Lee，2007）研究认为，对于类似于模型（5.3）的空间自回归模型，两阶段最小二乘法（two stage least square，2SLS）与最大似然法（maximum likelihood estimate，MLE）两种估计方法能得到相同的回归结果，但是最大似然法估计得到的结果会比两阶段最小二乘法估计得到的结果更为有效。因此，本章采用了最大似然估计方法来建立空间面板固定效应滞后回归模型，对中小企业互助担保行为之间的相互影响进行实证研究分析。

在进行空间分析时，如何设置空间权重矩阵是创建空间计量回归模型的关键，它是中小企业互助担保行为之间空间影响方式的体现。一般情况下，在选择中小企业互助担保行为空间滞后模型中的空间权重矩阵时，应主要考虑以下两个方面的因素：（1）同一行业内企业生产的产品是否具有相似性，市场上相互竞争的同一行业内企业存在着空间相关性；（2）同一行业的企业在市场上的竞争效力是否能够影响企业对财务政策的选择，同一行业内企业之间的相互作用主要依赖于它们在市场上的份额或营业收入的比重。

本章以矩阵 a 和矩阵 b 作为研究中小企业互助担保行为之间相互影响的空间滞后模型的空间权重矩阵。其中，矩阵 a 表示 j 企业（$i \neq j$）年营业收入总额与该行业除了 i 企业之外其他所有企业该年营业收入总额的比值，j 企业营业收入金额越大，其被赋予的权重值也就越大。表明在同一行业中，营业收入总规模越大的企业对本企业的影响越大，表达式如下所示：

$$w_{ij,t}^a = sale_{jt} \bigg/ \sum_{l \neq i} sale_{lt} \quad i,j = 1,\cdots,n \quad i \neq j \tag{5.4}$$

其中，$sale_{jt}$ 表示 j 企业在 t 年度的营业收入总额。选择年营业收入额衡量空间权重矩阵的原因是，与净利润相比，营业收入始终为正值，可以在设定空间权重矩阵和解释实证结果过程中避免一些不必要的麻烦。

矩阵 b 表示 i 企业和 j 企业（$i \neq j$）年营业收入额之差绝对值的倒数，i 企业与 j 企业之间的年营业收入额越接近，其被赋予的权重值也就越大。表明在同一行业中，营业收入规模越相似的企业对本企业的影响越大，表达式如下所示：

$$w_{ij,t}^{b} = 1/|sale_{it} - sale_{jt}| \quad i,j = 1,\cdots,n \quad i \neq j \quad (5.5)$$

5.4.1 中间层面互助担保融资的空间计量回归分析

按照长三角经济圈中小企业所属的行业，以中间层面定义的互助担保数据为基础，运用空间滞后模型对中小企业互助担保行为之间的相互影响进行实证分析，结果如表 5 - 7 所示。

表 5 - 7　　　　　　面板数据空间计量回归结果（中间层面）

行业	矩阵	λ	ROE	TB	TAT	GQF	SIZE	AGE	FAR	$Adj - R^2$
C	(a)	- 0.044	0.008	1.765 ***	- 0.600 ***	- 0.961 ***	- 0.328 ***	0.071 ***	1.887 *	0.123
	(b)	- 0.420 ***	0.009 *	2.041 ***	- 0.627 ***	- 1.209 ***	- 0.359 ***	0.052 ***	1.390	0.176
D	(a)	- 0.013	0.002 ***	0.577 ***	- 0.017	0.025	- 0.041 *	- 0.009 *	0.357 **	0.538
	(b)	- 0.005	0.002 ***	0.577 ***	- 0.017	0.024	- 0.041 *	- 0.009 *	0.357 **	0.538
E	(a)	- 0.322	- 0.007 ***	0.671 ***	- 0.202	0.009	- 0.093 ***	0.014	- 0.601 ***	0.280
	(b)	- 0.361 *	- 0.006 **	0.702 ***	- 0.158	0.004	- 0.091 ***	0.011	- 0.543 ***	0.331
F	(a)	- 0.105	- 0.001	0.733 ***	0.174	- 0.242 **	- 0.084 ***	- 0.001	0.351	0.379
	(b)	- 0.005	- 0.001	0.737 ***	0.173	- 0.243 ***	- 0.084 ***	- 0.001	0.354	0.376
G	(a)	- 0.684 **	- 0.001	0.871 ***	0.097 ***	0.140	- 0.056 **	- 0.041 ***	0.091	0.295
	(b)	- 0.161	- 0.002	0.931 ***	0.103 ***	0.166	- 0.050 **	- 0.012 ***	- 0.011	0.198
I	(a)	0.089	- 0.004 **	1.001 ***	- 0.229 ***	- 0.298 ***	- 0.022	0.004	- 0.365 ***	0.488
	(b)	0.436 ***	- 0.004 *	0.963 ***	- 0.241 ***	- 0.345 ***	0.008	0.006	- 0.436 ***	0.366
K	(a)	- 0.468 ***	0.009 *	0.601 ***	0.177	0.588 **	0.087	- 0.008	0.027	0.852
	(b)	- 0.017	0.011 **	0.494 *	0.360 ***	0.577 *	0.115	- 0.008	0.512	0.829
S	(a)	0.003	- 0.003	0.591 **	0.001	- 0.165 **	- 0.048	- 0.006	- 0.328 **	0.638
	(b)	0.132	- 0.003	0.595 **	0.012	- 0.171 **	- 0.046	- 0.005	- 0.334 **	0.630

注：*、**、***分别表示在10%、5%、1%的水平上显著。

从表5-7的空间计量回归结果可以看出，中国中小企业互助担保行为之间呈现一定的空间相关性，即中小企业互助担保行为之间相互影响。由实证结果可以看到，在长三角经济圈中小企业的八个行业中，除了电力、热力、燃气及水生产和供应业，批发和零售业，综合三个行业矩阵a、矩阵b的空间滞后模型的λ系数均不显著外，其余五个行业的矩阵a或矩阵b的空间滞后模型的空间滞后回归λ系数均呈显著影响，说明在大多数行业中，中小企业互助担保行为存在着空间相关性。同时，空间计量模型调整后R^2的值也比较高，大部分值在0.3以上，这一结果表明本章所建立的空间经济计量模型的拟合度较好，在研究中小企业互助担保行为之间的相互影响时考虑空间因素，其分析结果是合理的。因此，分析中小企业互助担保行为影响因素时，考虑空间相关性，并将空间结构权重纳入实证研究模型，能够使得实证分析结果更为贴近客观事实。

从影响方式来看，由于行业的特殊性，不同行业的中小企业的互助担保行为不具有可比性，中小企业互助担保行为之间的相互作用方式是不同的。从表5-7的数据可知，利用空间权重矩阵b的空间滞后模型的空间滞后回归λ系数通过检验的行业比利用空间权重矩阵a的空间滞后模型的空间滞后回归λ系数通过检验的行业数量多，这表明中小企业互助担保行为之间的相互影响更多是通过"市场份额越相近的企业，对行业内其他企业实施互助担保行为影响就越大"这一影响方式体现出来的。

从空间影响的方向来看，中小企业互助担保行为具有显著空间效应的五个行业中，信息传输、软件和信息软件服务业的中小企业互助担保行为之间的空间效应呈显著正向影响，且为矩阵b的空间滞后回归λ系数呈显著影响，说明在信息传输、软件和信息软件服务业行业内，企业的营业收入规模越大，对行业内其他企业参与相互担保的影响越大，即中小企业的互助担保行为之间存在正向的相互作用。也就是说互助担保行为存在传播效应，随着行业内有影响作用的企业进行互助担保融资，中小企业互助担保行为将得到扩张。然而，交通运输、仓储和邮政业与房地产业这两个行业矩阵 a 的空间滞后回归 λ 系数呈显著影响，说明在这两个行业内，互助担保融资行为之间的相互影响是通过"企业营业收入规模越大，其对同行业其他企业实施互助担保行为的影响越大"的影响方式表现出来的。而制造业、建筑业这两个行业矩阵 b 的空间滞后回归 λ 系数呈显著影响，说明在这两个行业内，互助担保融资行为之间的相互影响是通过"市场份额越相近的企业，对行业内其他企业实施互助担保行为影响就越大"的影响方式体现出来的。由于互助担保行为的连带责任会引起企业或有负债的增加，使得企业财务风险增大，加之行业内信息传递迅速，企业将会谨慎地实施互助担保行为，因而在交通运输、仓储和邮政业以及房地产业、制造业、建筑业四个行业内，中小企业互助担保行为之间存在着负向影响，即抑制效应，行业内有影响作用的企业进行互助担保融资，中小企业互助担保行为将受到抑制。

5.4.2 广义层面互助担保融资的空间计量回归分析

为增加中间层面担保数据的说明性，本部分采用广义层面定义的互助担保数据进一步分析中小企业互助担保行为之间的影响。以广义层面定义的互助担保数据为基础，运用空间滞后模型对中小企业互助担保行为之间的相互影响进行实证分析，结果如表 5 - 8 所示。

表 5 - 8　　　　　　　面板数据空间计量回归结果（广义层面）

行业	矩阵	λ	ROE	TB	TAT	GQF	SIZE	AGE	FAR	$Adj - R^2$
C	(a)	-0.027	0.005	1.036**	0.132	-1.207***	-0.261**	0.076***	0.203	0.365
	(b)	-0.115	0.005	1.046**	0.161	-1.192***	-0.249**	0.070***	0.018	0.369
D	(a)	-0.100	-0.001	0.699***	-0.023	0.017	-0.027	-0.014***	0.461***	0.518
	(b)	-0.236**	-0.001	0.686***	-0.031	-0.004	-0.018	-0.014***	0.481***	0.524
E	(a)	0.018	0.003	1.172***	0.226	0.364**	-0.132***	-0.010	-0.195	0.606
	(b)	0.317**	0.003	1.192***	0.265	0.284**	-0.112***	-0.015	-0.331*	0.589
F	(a)	-0.129	-0.001	0.817***	0.059	-0.184**	-0.078***	-0.001	0.429	0.546
	(b)	-0.085	0.001	0.815***	0.056	-0.179**	-0.077***	-0.002	0.466	0.540

续表

行业	矩阵	λ	ROE	TB	TAT	GQF	SIZE	AGE	FAR	$Adj-R^2$
G	(a)	−0.880 **	0.003	0.761 ***	0.085 ***	0.140	−0.051 ***	−0.010 **	0.364 ***	0.735
	(b)	0.023	0.002	0.912 ***	0.102 ***	0.242 *	−0.064 ***	−0.014 ***	0.432 **	0.662
I	(a)	−0.184	−0.004 ***	0.998 ***	−0.208 **	−0.208 **	−0.032	0.008	−0.327 ***	0.517
	(b)	0.378 ***	−0.004 **	1.030 ***	−0.234 ***	−0.281 ***	−0.001	0.007	−0.402 ***	0.435
K	(a)	−0.564 ***	0.004	0.651 ***	0.176 *	0.327 **	0.137 **	0.010	−0.104	0.829
	(b)	0.008	0.006	0.540 ***	0.394 ***	0.281 *	0.182 ***	0.012	0.423	0.802
S	(a)	−0.006	−0.003	0.611 **	−0.085	−0.132 ***	−0.087 **	0.004	−0.152	0.531
	(b)	0.294 *	−0.002	0.627 **	−0.035	−0.152 ***	−0.088 **	0.005	−0.154	0.497

注：*、**、*** 分别表示在 10%、5%、1% 的水平上显著。

从表 5-8 的空间计量回归结果可以看出，中国中小企业互助担保行为之间呈现一定的空间相关性，即中小企业互助担保行为之间相互影响。由实证结果可以看到，在长三角经济圈中小企业的八个行业中，除了制造业与批发和零售业两个行业矩阵 a、矩阵 b 的空间滞后模型的 λ 系数均不显著外，其余六个行业的矩阵 a 或矩阵 b 的空间滞后模型的空间滞后回归 λ 系数均呈显著影响，说明在大多数行业中，中小企业互助担保行为存在空间相关性。与此同时，空间计量模型在调整后 R^2 的值也比较高，而且大部分都在 0.4 以上，这一实证结果说明本章所建立的空间经济计量模型的拟合度比较好，在研究中国中小企业互助担保行为之间的相互影响时来考虑空间因素，该分析结果应该是合理的。因此，在分析中小企业互助担保影响因素时，考虑市场的空间相关性，并且合理地将空间结构权重纳入实证研究模型，能够使实证分析结果更贴近客观事实。

从影响的方式来看，由于行业的差异性，不同行业中小企业的互助担保行为并不具有可比性，中小企业互助担保行为之间的相互作用方式是不同的。根据表 5-8 的数据可以看出，利用空间权重矩阵 a 的空间滞后模型的空间滞后回归 λ 系数通过检验的行业与利用空间权重矩阵 b 的空间滞后模型的空间滞后回归 λ 系数通过检验的行业数量一样多，这表明中小企业互助担保行为之间的相互影响是通过"企业营业收入规模越大，其对同行业其他企业实施互助担保行为的影响越大"和"市场份额越相近的企业，对行业内其他企业实施互助担保行为影响就越大"的影响方式共同体现出来的。与此同时，比较表 5 - 8 中八个行业的矩阵 a、矩阵 b 的空间滞后模型的空间滞后回归 λ 系数绝对值可知，六个行业的矩阵 a 的空间滞后回归 λ 系数绝对值大于矩阵 b 的空间滞后回归 λ 系数绝对值。这一结果表明，中国中小企业互助担保融资行为之间的相互影响更多的是通过"企业营业收入规模越大，其对同行业其他企业实施互助担保行为的影响越大"的影响方式表现出来的。

从空间影响的方向来看，中小企业互助担保行为具有显著空间效应的六个行业中，建筑业与信息传输、软件和信息软件服务业以及综合三个行业的中小企业互助担保行为之间的空间效应呈现显著正向影响，三个行业的矩阵 b 空间滞后回归 λ 系数呈现显著关系。表明在这三个行业内，中小企业市场份额越相近，市场份额相近的企业对行业内其他企业实施互助担保行为的影响就越大。在建筑业与信息传输、软件和信息软件服务业以及综合三个行业里，中小企业的互助担保行为之间存在正向的相互作用，即互助担保行为存在传播效应，随着行业内有影响作用的企业进行互助担保融资，中小企业互助担保行为将得到扩张。然而，电力、热力、燃气及水生产和供应业，交通运输、仓储和邮政业，以及房地产业这三个行业的互助担保行为之间的空间效应呈显著负向影响。其中，交通运输、仓储和邮政业以及房地产业矩阵 a 的空间滞后回归 λ 系数呈显著影响，这说明在该行业内互助担保融资行为之间的相互影响是通过"企业营业收入规模越大，其对同行业其他企业实施互助担保行为的影响越大"的影响方式表现出来的；电力、热力、燃气及水生产和供应业矩阵 b 的空间滞后回归 λ 系数为显著影响，表明在该行业内，互助担保融资行为之间的相互影响是通过"市场份额越相近的企业，对行业内其他企业实施互助担保行为影响就越大"的影响方式体现出来的。由于互助担保行为的连带责任会引起企业或有负债的增加，使得企业财务风险增大，加之行业内信息传递迅速，企业将会谨慎地实施互助担保行为，因而在电力、热力、燃气及水生产和供应业，交通运输、仓储和邮政业，以及房地产业三个行业内，中小企业互助担保行为之间存在着负向影响，即抑制效应，随着行业内有影响作用的企业进行互助担保融资，中小企业互助担保行为将受到抑制。

5.5　本章小结

根据中间层面的互助担保数据和广义层面的互助担保数据的分析，发现中小企业的盈利能力、营运能力、偿债能力等方面均对中小企业互助担保融资行为产生影响。盈利能力弱、资产质量低的中小企业更倾向于通过互助担保进行融资；互助担保融资市场存在严重的逆向选择问题，中小企业财务风险越高，越是倾向于通过参与互助担保的方式获取所需资金。

另外，在分析中小企业互助担保行为影响因素时，应该考虑空间相关性对中小企业互助担保行为的影响。中间层面的互助担保数据和广义层面的互助担保数据的结果都表明，中国中小企业互助担保行为之间呈现一定的空间相关性，即中小企业互助担保行为之间相互影响。中小企业互助担保行为之间的相互影响包括传播效应（正向影响）和抑制效应（负向影响）两个方面的作用。从影响方式来看，由于行业的特殊性，不同行业的中小企业的互助担保行为不具有可比性，中小企业互助担保行为之间的相互作用方式是不同的。而中小企业互助担保行为之间的相互影响更多是通过"市场份额越相近的企业，对行业内其他企业实施互助担保行为影响就越大"这一影响方式体现出来的。

从中间层面的互助担保数据结果来看，中小企业互助担保行为具有显著空间效应的五个行业中，信息传输、软件和信息软件服务业的中小企业互助担保行为之间的空间效应呈现显著正向影响，即互助担保行为

中小企业集群互助担保融资及违约治理研究

存在传播效应，随着行业内有影响作用的企业进行互助担保融资，中小企业互助担保行为将得到扩张。然而，在交通运输、仓储和邮政业以及房地产业、制造业、建筑业四个行业内，中小企业互助担保行为之间存在负向影响，即抑制效应，随着行业内有影响作用的企业进行互助担保融资，中小企业互助担保行为将受到抑制。

从广义层面的互助担保数据结果来看，中小企业互助担保行为具有显著空间效应的六个行业中，建筑业与信息传输、软件和信息软件服务业以及综合三个行业的中小企业互助担保行为之间的空间效应呈显著正向影响，即互助担保行为存在传播效应，随着行业内有影响作用的企业进行互助担保融资，中小企业互助担保行为将得到扩张。然而，电力、热力、燃气及水生产和供应业，交通运输、仓储和邮政业，以及房地产业三个行业的互助担保行为之间的空间效应为显著负向影响，即中小企业互助担保行为之间存在负向影响，即抑制效应，随着行业内有影响作用的企业进行互助担保融资，中小企业互助担保行为将受到抑制。

第 6 章
中小企业集群互助担保与融资约束的关系测度

根据前人的研究成果，融资约束的含义是：由于交易成本和信息的不对称，在企业内部自有资金无法满足其发展所需的情况下，企业寻求外源融资时所面临的摩擦。当双方存在信息不对称时，债权人为了降低可能面临的风险，会在相关投资文件上限制债务企业对资金的使用，同样股东会为了降低资金的运营风险而提高风险溢价等。在这种情况下，资金周转困难的企业在进行外部融资时就会遇到越来越高的融资成本问题，因此就产生了融资约束。外源融资的摩擦导致的高成本外源融资再加上不稳定的内源融资造成中小企业的资金链不够安全，不安全的资金链会导致中小企业运营时现金流的不稳定，从而无限放大了中小企业因融资约束在运营过程中遇到的种种困扰，最终阻碍中小企业各方面的正常发展。因此，本书认为，融资成本的高低并不能作为衡量中小企业融资约束的唯一指标，同时还应该考虑其他因素，如营运能力、偿债能力、企业外部环境等因素，进而来综合分析中小企业融资约束的状况。

6.1　融资约束的现状及原因

6.1.1　融资约束的现状

从现有的状况来看，中国中小企业融资约束存在的问题主要表现在资源分配不均衡，主要体现在两个方面。

第一，中国投融资政策分配的不均衡。中小企业提供了全国非农产业半数以上的就业岗位，是应对当前经济下行压力的重要途径，然而中小企业的融资现状却并不乐观。可见，中国投融资政策分配不够均衡。

第二，中国中小企业的贷款可获得性存在着区域发展不均衡现象。从中国中小企业银行贷款的总量来看，中小企业贷款存量集聚在比较发达的东部地区，如江苏、浙江、广东等东部沿海经济发达的省份贷款担保可获得性较高，融资效率也相应的比较高；在部分西南和中部经济发展水平一般的省份，如河南、重庆、四川以及安徽这些地方贷款可获得性在提高，融资效率也在明显提高；但是在大部分西部（特别是西北）经济发展欠缺的地区贷款的可获得性就较低，融资效率极低。因此，可以说，中国中小企业的贷款可获得性确实存在着区域发展不均衡的现象。

6.1.2 融资约束的原因

面对中国中小企业融资约束加剧，国家制定了一些相关政策，如《中小企业促进法》以及中国人民银行、银监会、证监会、保监会联合下发的《关于进一步做好中小企业金融服务工作的若干意见》等，但是从政策执行的结果来看，效果还不是太理想，中小企业的融资难题仍然没有从根本上得到解决。

导致中国中小企业陷入融资约束的根本原因在于严重的信息不对称问题。中小企业在经营规模、产品档次、管理水平、抗风险能力、资金实力与大企业相比都存在很大的差距，中小企业经营状况、财务状况、管理状况、客户关系以及合同关系等对于银行来说是私人信息，银行难以了解企业的资产状况、贷款用途和过去的违约记录等资料。银行在事前难以了解，放贷后更难以监督。通常银行不了解企业贷款将用于什么投资项目、投资的收益和风险有多高、拖欠贷款的可能性多大等具体信息，有的企业甚至为了获取银行贷款故意隐瞒信息或捏造虚假信息，作为银行难以判断企业是高风险企业还是低风险企业。在较高的利率水平下，银行所发放的贷款通常是流向风险较高的企业，最终因不能顺利回收，形成坏账，即逆向选择。中小企业在获得贷款之后，由于银行难以对企业进行有效监控，从而中小企业有可能做出损害银行利益的行为，即道德风险。因此，为了缓解信息不对称问题，中小企业选择互助担保，降低了中小企业融资难问题，减轻了中小企业的融资约束。

6.2 理论分析与研究假设

集群互助担保本来就是为了降低中小企业的融资压力，但是这种融资压力的降低是以集群内提供互助担保的担保人的偿债能力为代价的。就目前中国中小企业的信用而言，中小企业的信用缺失较为严重，中小企业集群互助担保组织承担的或有风险较大。一旦集群内被担保中小企业的债务到期，被担保中小企业的财务状况恶化甚至无法清偿其到期债务，那么，集群互助担保组织内提供担保的其他中小企业将承担连带偿债责任。另外，尽管中国对于中小企业融资的政策法规体系正在逐渐形成，但是仍然存在对上市公司治理的缺陷，监管和激励政策的不成熟。这些因素都加大了集群互助担保下潜在的或有风险转化为现实的经济损失的概率。基于此，本章提出假设1。

H1：中小企业集群互助担保融资加剧了其融资约束。

为了进一步分析不同产权性质的中小企业样本实证结果的差异，本章进行了第二个研究假设，即非国有企业参与集群互助担保更易导致企业陷入融资约束。其原因在于以下三个方面。（1）相对于非国有上市公司，国有上市公司对集群内企业提供担保时，会更加谨慎地选择其担保对象。（2）国有上市公司能更多地获得政府的支持，而非国有企业融资成本相对较高，并且如果出现融资约束，得不到政府的有力支撑。（3）大部分情形下，非国有上市公司只能通过为集群内的其他企业提供担保，

才能够换取融资或是获取其他利益。同时，非国有上市公司的担保对象
也大多是一些财务状况较差的劣势企业。因此，本章提出假设2。

H2：相对于国有企业而言，中小企业集群互助担保融资更容易导致
非国有企业陷入融资约束。

6.3 研究设计

6.3.1 变量定义与描述

1. 因变量的界定

本章采用"Z值"衡量中小企业的融资约束。在企业融资约束的实
证研究文献中，大多数学者都是用Z值来衡量研究对象企业的融资约束
程度，如李洪亚（2013）采用Z统计值作为企业融资约束的代理变量，
对企业融资约束、企业规模与企业成长动态之间的关系进行了实证研究；
马改云等（2009）基于Z值模型从两个角度，分析了中国短期融资券发
行利差的危机结构；郄萌（2013）使用Z值测定了微型企业内部控制与
其融资约束的关系等。因此，本章也采用Z统计值为融资约束的代理变
量，来测度企业融资约束的状况。

2. 自变量的界定

根据本书对互助担保的定义，本章的关键解释变量采用以集群互助
担保总额占净资产的比率来表示互助担保率（DB），中间层面互助担保
率为$DB1$、广义层面互助担保率为$DB2$。

3. 控制变量的界定

本章采用的控制变量包括：企业规模（LAN），用企业年末总资产的
自然对数来反映；股权集中度（CF），用第一大股东的持股比例来表示；
资产担保价值（GVA），用企业年末无形资产与固定资产相加之和占总资
产的比率来反映。此外，为了反映其他因素对企业融资约束及自身资金

需求的影响，本章还引用了以下控制变量对企业的自身资金需求加以控制：自由现金比率（NCF）、发展能力（OIGR）、上市年限（AGE）。同时，引入年度虚拟变量（YEAR）和行业虚拟变量（IND）对时间趋势变化和行业差异产生的影响加以控制。在研究过程中涉及的变量如表 6-1 所示。

表 6-1　　　　　　　　　　　　　变量的定义

变量	代码	计算公式
中间层面互助担保率	DB1	中间层面互助担保总额/净资产
广义层面互助担保率	DB2	广义层面互助担保总额/净资产
股权集中程度	CF	前五大股东持股比例之和占总股数的百分比
企业规模	LAN	总资产的自然对数
抵押能力	GVA	固定资产/总资产
上市年限	AGE	财务报告年份 - 上市年份
营业收入增长率	OIGR	（本期营业收入 - 上期营业收入）/上期营业收入
自由现金比率	NCF	自由现金流量/总资产
年度	YAER	设为虚拟变量，当处于该年度设为 1，否则为 0
行业	IND	设为虚拟变量，当处于该行业设为 1，否则为 0。根据 2012 版证监会行业分类，样本分为 14 个行业，分别代表：A. 农、林、牧、渔业；B. 采矿业；C. 制造业；D. 电力、热力、燃气及水生产和供应业；E. 建筑业；F. 批发和零售业；G. 交通运输、仓储和邮政业；H. 住宿和餐饮业；I. 信息传输、软件和信息技术服务业；K. 房地产业；L. 租赁和商务服务业；N. 水利、环境和公共设施管理业；R. 文化、体育和娱乐业；S. 综合

6.3.2　模型设定

多数学者发现，股权集中程度、企业规模、资产担保价值等可能对企业融资约束存在重要影响。因此，本章也将这些控制变量纳入回归方程，并以 Z 统计值作为被解释变量。此外，为了控制时间趋势变化和行业差异对模型被解释变量的影响，消除变量之间的自相关，本章还控制年度虚拟变量 YEAR 和行业虚拟变量 IND。鉴于此，构建如下回归计量模型：

$$Z_{i,t} = c + \alpha_1 DB1_{i,t} + \alpha_2 CF_{i,t} + \alpha_3 LAN_{i,t} + \alpha_4 GVA_{i,t} + \alpha_5 AGE_{i,t} +$$

$$\alpha_6 OIGR_{i,t} + \alpha_7 NCF_{i,t} + \sum_{k=1}^{8} \lambda_k YEAR_k + \sum_{j=1}^{13} \gamma_j IND_j + \varepsilon_{i,t} \quad (6.1)$$

$$Z_{i,t} = c + \beta_1 DB2_{i,t} + \beta_2 CF_{i,t} + \beta_3 LAN_{i,t} + \beta_4 GVA_{i,t} + \beta_5 AGE_{i,t} +$$

$$\beta_6 OIGR_{i,t} + \beta_7 NCF_{i,t} + \sum_{k=1}^{8} \lambda_k YEAR_k + \sum_{j=1}^{13} \gamma_j IND_{jt} + \varepsilon_{i,t} \quad (6.2)$$

本章采用 OLS 回归和 OLS Robust 回归，对上述模型进行实证检验。其中，模型（6.1）研究的是中间层面互助担保率 *DB1* 与融资约束关系，模型（6.2）研究的是广义层面互助担保率 *DB2* 与融资约束关系。*c* 为常数，*α1 ~ α7*、*β1 ~ β7*、*γ*、*λ* 为自变量系数，*ε* 为残差，*NCF* 表示现金流量，*OIGR* 表示营业收入增长率，*CF* 表示股权集中度，*LAN* 表示企业规模，*AGE* 表示上市年限，*GVA* 表示抵押能力，*IND* 表示行业虚拟变量，*YEAR* 表示年度虚拟变量。

6.3.3　样本选择与数据来源

1. 样本选择

长三角地区是中国经济最发达的区域，也是中小企业的集聚区，大量中小企业在该区域聚集形成了中小企业集群，是企业集群的典范。另外，2013 年《新华—浦发长三角中小微企业景气指数报告》显示：2013 年度长三角地区中小企业景气指数为 110.88，处于"相对景气"区间，但是其中分类景气指数中的融资景气指数仅为 63.59。企业融资景气指数是一个反映企业融资约束程度的参数，从 2013 ~ 2018 年的统计数据可以看出，尽管长三角地区经济发展一直处于全国领先水平，但是企业对于融资的信心并不是非常乐观，中小企业融资约束程度依旧较高。因此，本章根据该地区上市中小企业的担保数据，来研究该地区中小企业集群互助担保行为与企业融资约束的关系。

2. 数据来源

本章采用的互助担保数据基本取自 Wind 数据库，其他数据来自锐思数据库和国泰安 CSMAR 数据库。采用 Stata 11.0 数据分析软件完成所有的数据分析及数据处理。

深圳证券交易所是服务中国中小企业的资讯平台，并且在深交所上市的企业规模相对较小。另外，关于互助担保的相关数据，目前只有上市企业才会对外公布。在调研过程中，本书课题组也曾尝试对一些非上市公司进行数据采集，但是遇到了一些困难，大部分企业并不愿意透露本企业参与互助担保的相关情况。因此，本章选择 2006～2018 年长三角地区（江苏、浙江和上海）在深交所上市的非金融业上市公司数据为研究对象。主要通过如下原则来选取样本：（1）为了保证样本数据的连续性，删除了 2006～2018 年被 ST 的企业；（2）剔除了连续三年处于亏损状态的企业，主要研究的是正常经营状态下企业的互助担保与其融资约束的关系；（3）剔除净资产小于 0 等数据异常的企业样本；（4）剔除各年财务数据披露不完整的样本企业。通过筛选，最终选择了 2006～2018 年长三角地区 73 家上市中小企业的 949 个有效数据样本。为了降低可能的异常值的影响，本章对集群互助担保率（DB）、Z 统计值、企业规模（LAN）、第一大股东持股比例（CF）、资产担保价值（GVA）、自由现金比率（NCF）和营业收入增长率（$OIGR$）进行了 1%～99% 的分位点区间缩尾处理。

6.4 实证结果及分析

6.4.1 描述性统计分析

各变量的描述性统计结果如表 6-2 所示。缩尾处理后，样本中的中间层面互助担保融资的 $Z1$ 统计值的最小值为 1.000，最大值为 139.544，均值为 9.234。样本中的广义层面互助担保融资的 $Z2$ 统计值的最小值为 1.000，最大值为 200.977，均值为 9.280。阿特曼（Altman，2006）认为，当 Z 统计值小于 1.81 时，则表明企业的财务状况相当糟糕，甚至预示着企业即将破产。而本章数据中存在着 Z 统计值的最小值小于 1.81 的企业，说明长三角地区中小企业面临着不同程度的融资约束。中间层面的互助担保率（$DB1$）的最小值为 0，最大值为 221.150，均值为 5.860；广义层面的互助担保率（$DB2$）的最小值为 0，最大值为 242.220，均值为 17.483，这说明中小企业集群融资通过互助担保融资的比率较高。

表 6 - 2　　　　　　　　　主要变量的描述性统计分析

变量	最大值	最小值	均值	中位数	标准差
$Z1$	139.544	1.000	9.234	3.814	15.765
$Z2$	200.977	1.000	9.280	3.083	17.684
$DB1$	221.150	0.000	5.860	0.000	19.311
$DB2$	242.220	0.000	17.483	4.820	32.192
CF	89.231	2.682	45.421	46.411	17.039
LAN	26.186	18.699	21.805	21.779	1.155
GVA	1.473	0.001	0.380	0.330	0.261
AGE	25.000	0.000	10.397	10.000	5.679
$OIGR$	132.047	-0.949	0.381	0.113	0.405
NCF	33.414	-0.517	0.442	0.150	1.658

6.4.2　多重共线性及异方差检验

多重共线性和异方差性是截面数据分析中普遍存在的问题，因此，在模型回归前需要对这两个问题进行分析。当自变量之间存在多重共线性问题时，就表示自变量自检有共同解释的部分，导致无法确认个别自变量对因变量的解释程度。实证过程中，一般是通过查看容忍值（tolerance）来识别多重共线性的问题。一般情况下，容忍值处在 0 ~ 1，该值越大越好，越大就表明共线性问题越小。也可以用容忍值的倒数方差膨胀因子（*VIF*）值来衡量。一般情况下，*VIF* 值如果大于 10，说明多重共线性问题才需要关注。因此本章使用容许度（*TOL*）和方差膨胀因子（*VIF*）指标，对前面选定的 7 个变量进行了多重共线性检验。计算公式如下：

$$TOL_i = 1 - R_i^2 = 1/VIF_i \qquad (6.3)$$

其中，R_i^2 为自变量 i 对其余自变量在回归中的判定系数 R^2。*VIF* 检验结果如表 6 – 3 所示。本组回归所涉及的变量方差膨胀因子 *VIF* 均小于 10，*LAN* 的 *VIF* 值最大为 1.38，多重共线性问题并不严重。因此，本章认为 7 个变量间不存在显著的多重共线性。

表 6 – 3 　　　　　　　　　　　多重共线性检验

检验指标	CF	LAN	GVA	AGE	OIGR	NCF
VIF	1.10	1.37	1.18	1.38	1.03	1.11
TOL	0.91	0.73	0.85	0.73	0.97	0.90

异方差是指回归模型的干扰项没有相同的方差。简言之，异方差不影响 OLS 估计的无偏性和一致性，但是这些估计量不再是最小方差或有效的。检验异方差是否存在，一般可采用拉格朗日乘数检验和怀特检验。本章在 Stata 中使用 estat-hettest 语句来检验是否存在异方差，使用对异方差稳健的标准误调整 t 统计值，并据此做出相应的推断。在 Stata 中运用 Robust 命令进行操作，使用 estat-hettest 语句来检测异方差，得出其 p 值在 0.1 水平上显著的情况，说明实证过程中存在一定的异方差。但是，为了防止对异方差的过度反应，本章在实证的结果中提供 OLS 和 OLS Robust 回归的两者结果来进行对比。

6.4.3　中间层面互助担保与融资约束的实证分析

1. OLS 回归分析

中间层中小企业集群互助担保与其融资约束的关系如表 6 – 4 所示。

中小企业集群互助担保融资及违约治理研究

第（1）列显示了全样本的实证结果。为进一步分析不同产权性质的企业样本组在互助担保对企业融资约束的影响上有没有显著性差异，本章按照其产权性质的不同对中间层的数据样本进行了划分，将中间层数据划分为国有企业与非国有企业样本，回归结果如表 6 - 4 中第（2）列和第（3）列所示。第（2）列显示了 OLS 回归下国有企业的回归结果，第（3）列表示了 OLS 回归下非国有企业的回归结果。

表 6 - 4　　　　　　　　　OLS 回归结果（中间层面）

变量	（1）	（2）	（3）
	全样本	国有	非国有
DB	0.085 ** (2.09)	0.232 ** (2.38)	- 0.020 (- 0.77)
CF	0.047 (1.56)	- 2.389 * (- 1.76)	0.086 *** (3.51)
LAN	0.966 ** (2.2)	- 0.749 (- 0.48)	1.239 *** (2.67)
GVA	- 3.410 (- 1.23)	- 33.178 *** (- 3.07)	4.406 ** (2.39)
AGE	0.129 (0.71)	- 0.7589 ** (- 2.05)	0.399 *** (3.50)
OIGR	- 0.036 (- 1.00)	- 1.599 ** (- 2.35)	0.016 (0.84)
NCF	- 0.219 (- 1.58)	3.082 (0.66)	- 0.132 (- 1.22)
行业	控制	控制	控制
年度	控制	控制	控制
Constant	3.977 (0.733)	70.113 * (1.88)	- 34.890 *** (- 3.58)
R-squared	0.152	0.274	0.107

注：括号内为经 Robust 异方差调整后的 t 检验值；***、**、* 分别表示在 1%、5% 和 10% 的水平上显著。

通过对样本结果的比较分析，本章得出以下结论。

第（1）列和第（2）列关键解释变量集群互助担保（*DB*）的结果为正，且在 5% 的水平上显著，即集群互助担保对中小企业 *Z* 值有显著的正向影响，与假设 1 不一致。该结果说明集群互助担保率越高，企业陷入融资约束的可能性越小，也就是说企业集群互助担保在一定程度上缓解了企业的融资约束。也可能是因为中国上市公司治理结构和治理环境、监督和激励机制等正在完善，减少了互助担保潜在风险转化为现实风险的可能性。第（3）列结果为负但不显著，说明相对于国有企业而言，非国有企业互助担保融资有可能陷入融资约束。

第（2）列股权集中度（*CF*）在 10% 的水平上显著负相关，说明国有企业股权集中度越高，互助担保越加剧企业的融资约束。第（3）列股权集中度在 1% 的水平上显著正相关，说明非国有企业股权集中度越高，互助担保越有利于缓解企业的融资约束。分析其原因，非国有企业股权相对集中，有利于对资金活动进行监督，降低企业陷入融资约束的可能性。因此，非国有企业股权集中度越高，越有利于缓解中小企业的融资约束。而国有企业股权集中度越高，越加剧小企业的融资约束。

第（1）列和第（3）列企业规模（*LAN*）分别在 5% 和 1% 的水平上显著正相关，而第（2）列结果不显著，表明企业规模越大越容易缓解融资约束。

第（2）列资产担保价值（*GVA*）在 1% 的水平上显著负相关，第（3）列资产担保价值在 5% 的水平上显著正相关，说明非国有企业的资产担保价值越大，该企业就越不容易陷入融资约束，而国有企业的资产担保价值越高，越容易陷入融资约束。分析其原因，可能主要是由于国有企业对固定资产以及无形资产的价值评估没有统一规范的做法，导致许多企业采用一些非常手段使其企业的固定资产与无形资产价值虚高。固定资产与无形资产不准确的评估价值使得其不能真实反映担保价值与企业融资约束的关系。因此，国有企业的资产担保价值越高越容易导致企业出现融资约束。

中小企业集群互助担保融资及违约治理研究

实证结果还显示，国有上市公司能更多地获得政府的支持，在金融市场比较容易获得融资。而非国有企业融资成本较高，并且当出现融资约束的时候，得不到政府的有力支撑。大多数情况下，非国有上市公司只能通过为其集群内公司提供担保，才能换取融资或者获取其他市场利益。因此，非国有企业的互助担保更容易加剧其融资约束。

2. 分位数回归分析

表6－4的OLS结果反映了集群互助担保对企业融资约束的作用，本质上其实是反映了集群互助担保率对企业融资约束的平均影响。从表中可以看出，在不同的财务状况下，集群互助担保率对企业融资约束的影响是不同的，平均值回归所能体现的信息就会十分有限。为了能够解决OLS回归模型的这个局限性，本章对企业不同的财务状况进行了进一步分析，以反映在企业财务状况不同分位点上，企业集群互助担保率与其融资约束的关系。因此本章分别选取了5%、10%、…、95%这19个分位点进行分位数回归，其中10%、30%、50%、70%和90%五个分位点的回归结果如表6－5所示。这五个分位点足以反映出不同财务状况回归结果的变化趋势。

表6－5　　　　　　　　　　分位数回归结果（中间层面）

变量	分位点				
	0.1	0.3	0.5	0.7	0.9
DB	0.001 (0.46)	0.006 ** (2.32)	0.014 * (1.73)	0.066 *** (5.46)	0.259 *** (8.02)
CF	0.006 *** (3.57)	0.019 *** (5.65)	0.041 *** (3.97)	0.087 *** (5.22)	0.129 *** (2.57)
LAN	0.056 ** (2.01)	0.170 *** (3.21)	0.285 * (1.70)	0.972 *** (3.55)	1.310 (1.59)
GVA	0.110 (0.79)	1.021 *** (4.26)	2.665 *** (3.45)	2.787 ** (2.26)	0.320 (0.08)
AGE	0.013 ** (2.23)	－ 0.000 (－ 0.03)	0.037 (0.93)	0.109 (1.60)	0.306 (1.31)

续表

变量	分位点				
	0.1	0.3	0.5	0.7	0.9
OIGR	0.002 *	0.001	0.009	0.000	− 0.039
	(1.79)	(0.13)	(0.68)	(0.02)	(− 0.74)
NCF	0.005	− 0.022	− 0.023	− 0.115	− 0.320
	(0.75)	(− 0.99)	(− 0.28)	(− 0.95)	(− 0.81)
行业	控制	控制	控制	控制	控制
年度	控制	控制	控制	控制	控制
Constant	2.078 ***	7.444 ***	10.443 ***	10.626 *	13.951
	(3.18)	(6.22)	(2.70)	(1.67)	(0.69)
R − squared	0.015	0.042	0.075	0.131	0.230

注：括号内为经 Robust 异方差调整后的 t 检验值；*** 、** 、* 分别表示在 1%、5% 和
10% 的水平上显著。

整体来看，变量 *DB* 与企业 *Z* 值显著正相关，且随着分位点的提高系
数的绝对值增大。该分位数回归结果显示，随着企业财务状况的逐渐好
转，集群企业互助担保率更易缓解其融资约束。但是由于数据样本较少，
在 0.1 的高位上，关键解释变量 *DB* 没有通过显著性检验。因此，下面将
利用广义集群互助担保的数据，进行更为系统全面的实证检验分析。

6.4.4　广义层面的互助担保与融资约束的实证分析

1. OLS 回归分析

由表 6 - 6 可以看出，其中第（1）列到第（3）列是普通最小二乘法
下的结果，由于回归系数相同，因此本章还对 OLS Robust 回归模型下的
结果进行了分析，第（4）列到第（6）列是稳健性 OLS Robust 回归下的
结果。为了进一步分析前面提到的假设 2，本章对总体样本按照其产权性
质的不同进行了划分，将其分为非国有企业样本和国有企业样本，回归
结果如表 6 - 6 中第（5）列和第（6）列所示。其中，第（5）列显示了
OLS Robust 回归下国有企业的实证回归结果，第（6）列显示了 OLS

Robust 回归下非国有企业的实证回归结果。

表 6 – 6　　　　　　　OLS 和 OLS Robust 回归结果（广义层面）

变量	(1)	(2)	(3)	(4)	(5)	(6)
	全样本	国有	非国有	全样本_robust	国有_robust	非国有_robust
DB	0.042 ** (2.33)	0.267 *** (3.97)	− 0.013 (− 0.90)	0.042 (1.61)	0.267 *** (3.40)	− 0.013 *** (− 1.01)
CF	0.044 (1.17)	− 0.278 ** (− 2.00)	0.087 *** (2.94)	0.044 (1.44)	− 0.278 ** (− 2.05)	0.087 *** (3.51)
LAN	0.852 (1.40)	− 1.595 (− 0.68)	1.279 *** (2.68)	0.852 * (1.92)	− 1.595 (− 1.01)	1.279 *** (2.69)
GVA	− 3.579 (− 1.30)	− 32.864 *** (− 3.61)	4.579 ** (2.06)	− 3.579 (− 1.27)	− 32.864 *** (− 3.15)	4.579 ** (2.48)
AGE	0.114 (0.80)	− 0.666 (− 1.38)	0.404 *** (3.31)	0.114 (0.62)	− 0.666 * (− 1.83)	0.404 (3.50)
OIGR	− 0.045 (− 0.35)	− 1.534 (− 1.01)	0.019 (0.21)	− 0.045 (− 1.11)	− 1.534 ** (− 2.24)	0.019 (0.95)
NCF	− 0.218 (0.57)	5.295 (0.98)	− 0.132 (− 0.49)	− 0.218 (− 1.58)	5.295 (1.13)	− 0.132 (− 1.20)
行业	控制	控制	控制	控制	控制	控制
年度	控制	控制	控制	控制	控制	控制
Constant	6.608 (0.47)	75.253 (1.45)	− 32.611 *** (− 3.29)	6.608 (0.40)	75.253 ** (2.04)	− 32.611 *** (− 3.23)
R−squared	0.149	0.298	0.108	0.149	0.298	0.108

注：括号内为 t 检验值；*** 、** 、* 分别表示在 1% 、5% 和 10% 的水平上显著。

第（2）列和第（5）列集群互助担保（DB）对企业 Z 值有显著的正向影响，该结果说明集群互助担保率越高，国有企业陷入融资约束的可能性越小，也就是说企业集群互助担保在一定程度上缓解了企业的融资约束。第（6）列结果为显著负相关，说明非国有企业参与集群互助担保更易导致企业陷入融资约束。其原因在于，相对于非国有上市公司，国有上市公司对集群内企业提供担保时，会更加谨慎地选择其担保对象。

实证结果还显示，国有上市公司能更多地获得政府的支持，相比非国有企业，在金融市场上更容易获得融资。而非国有企业融资成本要相对较高，出现融资约束的时候，并不能得到政府的有力支撑。因此，在大多数情况下，非国有上市公司只能通过为集群内公司提供担保，来换取融资或是获取其他利益。因此，非国有企业之间的互助担保更容易加剧其融资约束。

另外，关于控制变量，实证结果显示，第（2）列和第（5）列股权集中度（CF）的结果在5%的水平上显著负相关。第（3）列和第（6）列企业规模（LAN）在1%的水平上显著正相关。该结果表明，非国有企业的股权集中度越高越有利于缓解企业的融资约束，而国有企业规模越大越加剧企业的融资约束。主要是因为非国有企业有些为家族企业、民营企业等，股权高度集中，大股东有动机也有能力对高管资金活动进行监督，从而降低企业职业经理人的错误经营决策，降低企业陷入融资约束的可能性。因此，非国有企业股权集中度越高，越有利于缓解中小企业的融资约束，而国有企业股权集中度越高，越加剧中小企业的融资约束。

第（2）列和第（5）列企业规模（LAN）的结果不显著。第（3）列和第（6）列企业规模在1%的水平上显著正相关，说明非国有企业规模越大，企业的融资渠道较多，越有利于缓解企业的融资约束。

第（2）列和第（5）列资产担保价值（GVA）的结果在1%水平上显著负相关。第（3）列和第（6）列资产担保价值的结果在5%的水平上显著正相关。说明非国有企业的资产担保的价值越大，该企业就越不容易陷入融资约束，而国有企业的资产担保价值越高越容易陷入融资约束。出现这种情况的原因可能是一些国有企业对固定资产以及无形资产的价值评估没有统一的口径，从而导致许多公司采用一些手段使其公司固定资产与无形资产价值虚高。

另外，关于控制变量的回归结果显示，营业收入增长率（OIGR）、自

中小企业集群互助担保融资及违约治理研究

由现金比率（NCF）以及上市年限（AGE）未通过检验。这个结果表明，随着外界金融环境的日趋变化，即使企业上市年限增加，管理经验趋于成熟，并且可能与政府、银行以及担保机构的关系越来越稳定，但是企业的管理理念、与外部机构的关系以及对复杂金融市场的适应能力并未同步，因此，这些因素与企业融资约束的关系还不稳定。

2. 分位数的回归分析

上述 OLS 实证结果反映了集群互助担保对企业融资约束的作用，本质上反映了集群互助担保率对企业融资约束的平均影响。从表 6 - 6 中可以看出，在不同的财务状况下，集群互助担保率对企业融资约束的影响是不同的，平均值回归所能体现的信息就会十分有限。为了解决 OLS 回归模型的这个局限性，本章对企业不同的财务状况做了进一步分析，以反映在企业财务状况不同分位点上，企业集群互助担保率对其融资约束的关系。因此本章分别选取了 5%、10%、…、95% 这 19 个分位点进行分位数回归，其中 10%、30%、50%、70% 和 90% 五个分位点的回归结果如表 6 - 7 所示，这五个分位点足以反映出不同财务状况回归结果的变化趋势。

表 6 - 7　　　　互助担保对 Z 值不同分位点的估计结果（广义层面）

变量	分位点				
	0.1	0.3	0.5	0.7	0.9
DB	0.001 (0.46)	0.006 ** (2.32)	0.014 * (1.73)	0.066 *** (5.46)	0.259 *** (8.02)
CF	0.006 *** (3.57)	0.019 *** (5.65)	0.041 *** (3.97)	0.087 *** (5.22)	0.129 ** (2.57)
LAN	0.056 ** (2.01)	0.170 *** (3.21)	0.285 * (1.70)	0.972 *** (3.55)	1.310 (1.59)
GVA	0.110 (0.79)	1.021 *** (4.26)	2.665 *** (3.45)	2.787 ** (2.26)	0.320 (0.08)
AGE	0.013 ** (2.23)	-0.0004 (-0.03)	0.037 (0.93)	0.109 (1.60)	0.306 (1.31)

续表

变量	分位点				
	0.1	0.3	0.5	0.7	0.9
OIGR	0.002 *	0.001	0.009	0.0004	− 0.039
	(1.79)	(0.13)	(0.68)	(0.02)	(− 0.74)
NCF	0.005	− 0.022	− 0.023	− 0.115	0.032
	(0.75)	(− 0.99)	(− 0.28)	(− 0.95)	(0.081)
行业	控制	控制	控制	控制	控制
年度	控制	控制	控制	控制	控制
Constant	2.078	7.444 ***	10.443 ***	10.626 ***	13.951
	(3.18)	(6.22)	(2.70)	(1.67)	(0.69)
R−squared	0.015	0.042	0.075	0.131	0.230

注：括号内为经 Robust 异方差调整后的 t 检验值；*** 、** 、* 分别表示在 1%、5% 和 10% 的水平上显著。

通过表 6−7，我们可以得出以下结论。

第一，关键解释变量集群互助担保率（*DB*）与企业 *Z* 值显著正相关，且随着分位点的提高，系数的绝对值增大。说明随着企业财务状况的逐渐变好，集群企业互助担保率更容易缓解其融资约束。第二，股权集中度（*CF*）与 *Z* 值正相关，随着 *Z* 值分位的提高，相关系数也相应增大。说明在企业财务状况较好的情况下，股权集中度越高越有利于缓解企业融资约束。第三，企业规模（*LAN*）在 10% ~ 70% 的中高分位上与 *Z* 值显著正相关。说明当企业财务状况较好时，企业的规模越大越不容易引起企业融资约束。第四，企业的资产担保价值（*GVA*）在 30% ~ 70% 的中分位上与 *Z* 值正相关。说明在一定程度上资产担保价值缓解了企业的融资约束。

因此，整体来看，在集群担保中，优质企业数目较少，而劣质企业数目众多。当整个集群内大量的劣质企业开始依赖于少数优质企业提供的担保资金来解决整个集群的资金问题时，这些少数的优质企业一定会受到不良担保的影响。因此，从解释变量企业规模（*LAN*）、企业的资产

中小企业集群互助担保融资及违约治理研究

担保价值（*GVA*）、集群互助担保率（*DB*）这些指标的分位数结果中可以得出企业财务状况越好，就越不容易陷入融资约束的结论。

6.5　本章小结

本章在分析了中国中小企业集群互助担保及融资约束相关理论的基础上，采用 2006～2018 年中国长三角地区在深交所上市的非金融业上市公司的数据，实证考察了集群互助担保与中小企业融资约束的关系。OLS 回归结果表明，中小企业集群互助担保缓解了其融资约束；分样本的实证回归结果表明，相对于国有企业而言，非国有企业参与集群互助担保更易加剧企业的融资约束。而随着企业财务状况的逐渐变好，企业集群互助担保更易缓解其融资约束。分析这一现象的主要原因，可以归结为互助担保越来越规范，企业之间的监督越来越严格。因此，从总体上看，本章得出了集群互助担保会缓解企业融资约束的结论。除此之外，本章研究得出，非国有企业股权集中度越高、资产担保价值越高、企业规模越大，企业越容易缓解其融资约束。

第7章
中小企业集群互助担保融资的过度担保与其诱因的关系测度

通过对中国中小企业集群互助担保融资的现状研究，发现集群内中小企业过度担保现象较为严重。陈宏（2006）认为，过度担保本质上是一种代理问题的表现，应该从公司治理层面进行分析。詹森（Jensen，1993）将公司治理分为公司外部治理和公司内部治理。股权结构在公司内部治理中具有基础性地位，关于股权结构存在两种假说：一种是韦斯顿（Weston，1979）提出的"壕沟防御效应"假说，即持股比例越高，持股者越可能从事非公司价值最大化行为；另一种是贝尔和米恩斯（Belle and Means，1932）、詹森和梅克林（Jensen and Meckling，1976）等提出的"利益趋同效应"假说，即随着持股比例提高，有利于协调内部人与外部股东的利益，减少内部人在职消费、剥夺股东财富和进行其他非公司价值最大化的机会主义行为。由于中国资本市场的相关机制及各种治理机制尚未健全，龚凯颂等（2009）认为"利益趋同效应"假说更能有效地解释中国企业的现实。本书也认同"利益趋同效应"假说更符合中国中小企业的实际情况。

虽然有部分学者开始关注股权结构对过度担保的影响，如陈宏（2006）、王立彦和林小驰（2007）等，但是笔者还没有发现有关股权结构对中小企业集群融资过度担保的影响的研究成果。因此，本章从股权结构的角度来分析中小企业集群融资过度担保的诱因。

中小企业集群互助担保融资及违约治理研究

7.1 理论分析与研究假设

现代企业制度的二权分离，导致中小企业所有者与经营者之间的信息不对称，产生了代理成本。中小企业经营者在进行担保决策时不承担或只承担少部分由担保带来的风险，而中小企业所有者却承担了大部分甚至全部担保风险。同时，不同类型的股权，如国有股比例、流通股比例、高管持股比例和董事持股比例等在一定程度上也会影响中小企业经营者与所有者之间的代理成本。因此，本章主要从股权集中度、国有股比例、流通股比例、高管持股比例和董事持股比例的角度，分析其与过度担保的关系，并提出研究假设。

7.1.1 股权集中度与过度担保的关系

股权集中度主要反映控股股东对中小企业经营者的监管。例如，格罗斯曼和哈特（Grossman and Hart，1980）提出，当股权比较分散时，控股股东与中小企业经营者之间的代理成本会增加，控股股东不能有效参与公司治理。说明当中小企业的股权集中度越低，即股权越分散，则控股股东和中小企业经营者之间的代理成本越高，控股股东不能对中小企业经营者进行有效监督，控股股东也不能积极参与担保决策并进行监管，而中小企业经营者很容易因为为其他企业提供过度担保而增加本企业的或有负债，使本企业资源外流、利益受损。

同时，施莱费尔和维希尼（Shleifer and Vishny，1986）提出，股权越集中，股东越会积极参与企业治理，降低中小企业所有者与经营者之间的代理成本。因为，当一个企业的股权较集中时，控股股东自身有强烈的愿望去监管企业经营者的行为，监督企业经营者是否从事有损企业股东财富的行为，经营者和所有者之间的信息不对称性会降低，从而降低代理成本，经营者和控股股东、中小股东的利益一致的效应就表现得更为明显。控股股东为维护企业自身的利益，不希望企业经营者过度为其他企业担保而增加本企业的或有负债，使本企业资源外流、利益受损。因此，可得到如下假设。

H1：股权集中度越高，发生过度担保的可能性越低，即二者呈负相关。

7.1.2 国有股比例与过度担保的关系

陈宏（2006）提出，国有股一定程度上通过代理链的方式代表国家对企业进行控制。说明国有股虽然名义上是国家或全体公民为该企业的所有者，但在实际运行过程中是通过政府相关部门代理行使所有权，而代理链的冗长、代理成本高等问题，使得这些委托人并不能真正代表国家的利益，甚至政府有时会因为缓解就业压力等问题直接对该企业进行行政干预，让该企业为其他企业提供担保，最终很有可能发生过度担保。

由于中国相关担保的法律制度尚未健全以及一些企业的国有股产权并不明晰等，使一些国有股比例较高的企业很可能形成"事实上"的内部人控制。尤其是有关担保决策，企业内部人很可能会以出资者的利益为代价，利用所控制企业的资产进行对外担保，为自身牟利，结果很容易发生过度担保。因此，可得到如下假设。

H2：国有股比例越高，发生过度担保的可能性越高，即二者呈正相关。

7.1.3 流通股比例与过度担保的关系

王立彦和林小驰（2007）认为，流通股的存在一般会对企业起到一定程度的约束作用。这是因为流通股股东虽然不能直接监管企业经营者，但该企业经营者做出有损企业及股东利益的行为，如过度为其他企业担保而增加本企业的或有负债，使本企业资源外流、利益受损，则会影响流通股股东对该企业股票是否持续持有的决策。

如果中小企业的流通股比例较高，则流通股股东和企业经营者之间的代理成本会降低，流通股股东能在一定程度上约束企业经营者的行为，即企业的经营者不会轻易做出有损企业利益的行为，如过度担保。否则，该中小企业的流通股股东会选择放弃持有该企业的股票，这对企业来说是一种极大的损失，不仅会减少股权融资的机会，还会对中小企业自身的信誉产生负面影响。因此，可得到如下假设。

H3：流通股比例越高，发生过度担保的可能性越低，即二者呈负相关。

7.1.4 高管持股比例与过度担保的关系

高级管理人员（以下简称"高管"），是指公司管理层中担任重要职务、负责公司经营管理、掌握公司重要信息的人员，主要包括经理、副经理、财务负责人，以及上市公司董事会秘书和公司章程规定的其他人员。贝尔和米恩斯（Belle and Means，1932）、詹森和梅克林（Jensen and Meckling，1976）提出，作为企业的管理者，不仅从事该企业管理，而且持有本企业股份，则会降低管理者与股东之间的代理成本，管理者和股东的目标利益将趋于一致。说明中小企业可建立切实有效的管理人员激励机制，如增加其股权比例，能降低股东与企业管理者之间的代理成本，充分调动管理人员的积极性，使企业管理人员能更强烈地以企业的利益为重，确保与股东和中小企业的目标一致。

假如中小企业的高管持股比例增加，则管理者不仅会从自身利益考虑，更会以中小企业的利益为重，在是否为其他企业贷款提供担保问题上会比较谨慎，不会轻易地使企业承担过度担保的风险。相反，若中小企业的高管持股比例很低或没有持股，则该高管很可能因为个人的利益而从事非股东利益最大化行为，如过度为其他企业担保而获取一些相关利益。因此，可得到如下假设。

H4：高管持股比例越高，发生过度担保的可能性越低，即二者呈负相关。

7.1.5　董事持股比例与过度担保的关系

董事长、董事、监事长、监事等虽然有决策权、监管权，但不属于高管。董事会是公司治理的核心，董事会虽然缓解了股东与经理人之间的代理冲突，但董事会监督经理的权力与责任来自股东的授权，即董事会与股东之间也存在委托代理关系。巴加特和布莱克（Bhagat and Black，1999）提出，董事持股有助于降低代理成本，其与股东的目标函数渐趋于一致，他们监督经营者的动机就越强烈。说明对董事采取激励措施，如股权激励，增加其持股比例，既能降低股东与董事之间的代理成本，也能合理规范董事在企业经营运行中要承担的义务，使董事与股东和企业的目标一致，尤其是对担保事项的决策会更加谨慎，不使股东和企业的利益遭受损失。

董事会掌握企业重要决策的控制权，如担保决策，这关系到中小企业的利益以及要承担的风险，这也涉及董事会的治理效率和监督效果。而担保作为中小企业经营的一项重大事项，它的决策权在公司董事会，所以董事持股水平与担保规模和质量的关系更为密切，他们的持股比例越大，风险的厌恶程度就会增加，更具有减少担保规模和提高担保质量的激励，也越不容易发生过度担保。因此，可得到如下假设。

H5：董事持股比例越高，发生过度担保的可能性越低，即二者呈负相关。

7.2　研究设计

7.2.1　变量定义与描述

1. 被解释变量

有关过度担保（*OG*）的测度参照饶育蕾、张媛和彭叠峰（2008）的

中小企业集群互助担保融资及违约治理研究

处理方法，以净资产担保率（担保总额与净资产的比值）的中位数为界限，将净资产担保率在 0 至中位数之间的担保事件归为适度担保事件，将高于中位数或低于 0 的担保事件称为过度担保事件，并将过度担保设为虚拟变量。经测算可知，长三角地区全部样本数据的中间层面互助担保率的中位数为 0，广义层面互助担保率的中位数为 4.82。当某中小企业当年净资产担保率大于中位数或小于 0，则判断该中小企业当年为过度担保，并设为 1；否则为适度担保，并设为 0。

2. 解释变量

解释变量包括股权集中度、国有股比例、流通股比例、高管持股比例和董事持股比例。

（1）股权集中度（$GQ1$）用前五大股东持股比例之和占总股数的百分比表示。前五大股东持股比例之和能一定程度上反映中小企业的股权集中度。根据提出的假设 H1，当中小企业的股权集中度越高，则该中小企业发生过度担保的可能性越低，二者呈负相关，预期符号为负。

（2）国有股比例（$GQ2$）用国有股股数占总股数的百分比表示。根据提出的假设 H2，当中小企业的国有股比例越高，则该中小企业发生过度担保的可能性越高，二者呈正相关，预期符号为正。

（3）流通股比例（$GQ3$）用流通股股数占总股数的百分比表示。根据提出的假设 H3，当中小企业的流通股比例越高，则该中小企业发生过度担保的可能性越低，二者呈负相关，预期符号为负。

（4）高管持股比例（$GQ4$）用高管持股股数占总股数的百分比表示。根据提出的假设 H4，当中小企业的高管持股比例越高，则该中小企业发生过度担保的可能性越低，二者呈负相关，预期符号为负。

（5）董事持股比例（$GQ5$）用董事持股股数占总股数的百分比表示。根据提出的假设 H5，当中小企业的董事持股比例越高，则该中小企业发生过度担保的可能性越低，二者呈负相关，预期符号为负。

3. 控制变量

控制变量包括：偿债能力、上市年限、企业规模、企业性质、年度和行业。

（1）偿债能力（*TB*）用资产负债率表示，资产负债率为 *t* 期末负债总额比 *t* 期末总资产。冯根福等（2005）、龚凯颂等（2009）研究得出对外担保与债务融资比率成正相关的结论。因此，本章预期过度担保与偿债能力呈正相关，预期符号为正。

（2）上市年限（*AGE*）是根据企业报告年份减去上市年份确定。随着中国证券市场越来越完善，中小企业上市年限越长，其经营质量也会提高，资金也比较充裕，该企业不会将担保作为一种变相的融资手段，更不会发生过度担保。因此，本章预期过度担保与上市年限呈负相关，预期符号为负。

（3）企业规模（*SIZE*）是根据企业 *t* 期末总资产的自然对数确定。当中小企业的规模越大，管理上可能比较混乱，管理效率可能比较低，中小企业比较容易发生过度担保。因此，本章预期企业规模与过度担保呈正相关，预期符号为正。

（4）因不同企业性质的中小企业很可能对过度担保的影响不同，因此加入企业性质（*EP*）虚拟变量以控制其对过度担保的影响。国有企业设为 1，非国有企业设为 0。

（5）为控制年度对过度担保的影响，将年度（*YEAR*）变量设为虚拟变量。当处于该年度时设为 1，否则为 0。

（6）因不同行业的中小企业有各自的经营规律，表现出较大的差异，故加入行业（*IND*）虚拟变量以控制行业因素对过度担保的影响。当处于该行业时设为 1，否则为 0。

影响过度担保行为的相关研究变量如表 7-1 所示。

表7-1 影响过度担保行为的相关研究变量

分类	变量代码	变量名称	符号	变量定义与描述
被解释变量	OG	过度担保		若互助担保率小于0或超过中位数则设为1（即过度担保），否则设为0（即适度担保）
解释变量	GQ1	股权集中度	–	用前五大股东持股比例之和占总股本数的百分比表示
	GQ2	国有股比例	+	用国有股股数占总股本数的百分比表示
	GQ3	流通股比例	–	用流通股股数占总股本数的百分比表示
	GQ4	高管持股比例	–	用高管持股股数占总股本数的百分比表示
	GQ5	董事持股比例	–	用董事持股股数占总股本数的百分比表示
控制变量	TB	偿债能力	+	用资产负债率表示，资产负债率＝负债总额/总资产
	AGE	上市年限	–	用企业报告年份减去上市年份表示
	SIZE	企业规模	+	用总资产的自然对数表示
	EP	企业性质		设为虚拟变量，国有企业设为1，非国有企业设为0
	YEAR	年度		设为虚拟变量，当处于该年度设为1，否则为0
	IND	行业		设为虚拟变量，当处于该行业设为1，否则为0。根据2012版证监会行业分类，本书样本分为14个行业，分别代表：A. 农、林、牧、渔业；B. 采矿业；C. 制造业；D. 电力、热力、燃气及水生产和供应业；E. 建筑业；F. 批发和零售业；G. 交通运输、仓储和邮政业；H. 住宿和餐饮业；I. 信息传输、软件和信息技术服务业；K. 房地产业；L. 租赁和商务服务业；N. 水利、环境和公共设施管理业；R. 文化、体育和娱乐业；S. 综合

7.2.2 模型设计

Logistic 模型与传统回归模型的区别在于因变量是离散性变量，值分别为1和0，分别对应过度担保和适度担保。Logistic 计量模型表示如下：

$$P(OG_{i,t} = 1) = \frac{1}{1 + \exp(-Z_{i,t})} \qquad (7.1)$$

其中，$Z_{i,t} = c + \beta_1 X_{i,t} + \beta_2 TB_{i,t} + \beta_3 AGE_{i,t} + \beta_4 SIZE_{i,t} + \beta_5 EP_{i,t} +$

$$\sum_{k=1}^{8} \lambda_k YEAR_k + \sum_{j=1}^{13} \gamma_j IND_j + \varepsilon_{i,t} \qquad (7.2)$$

同时，通过函数的对数分布来计算概率，即采用极大似然估计（MLE）法，得出如下表达式：

$$\ln \frac{P}{1-P} = c + \beta_1 X_{i,t} + \beta_2 TB_{i,t} + \beta_3 AGE_{i,t} + \beta_4 SIZE_{i,t} + \beta_5 EP_{i,t} +$$

$$\sum_{k=1}^{8} \lambda_k YEAR_k + \sum_{j=1}^{13} \gamma_j IND_j + \varepsilon_{i,t} \qquad (7.3)$$

其中，P 表示过度担保的概率，$1-P$ 表示适度担保的概率，$P/(1-P)$ 表示过度担保概率与适度担保概率之比，c 为常数，$\beta_1 \sim \beta_5$、λ、γ 为变量系数，k、j 分别代表年度虚拟变量和行业虚拟变量的个数，ε 为残差。X 表示不同的解释变量：$GQ1$ 为股权集中度，$GQ2$ 为国有股比例，$GQ3$ 为流通股比例，$GQ4$ 为高管持股比例，$GQ5$ 为董事持股比例。因本章互助担保率包括中间层面互助担保和广义层面互助担保，故被解释变量也包括广义层面过度担保和中间层面过度担保，再根据解释变量的个数，分别建立五个模型：模型 A、模型 B、模型 C、模型 D、模型 E。控制变量：TB 为偿债能力，AGE 为上市年限，$SIZE$ 为企业规模，EP 为企业性质虚拟变量，$YEAR$ 为年度虚拟变量，IND 为行业虚拟变量。

7.2.3 样本选择与数据来源

考虑 2005 年 11 月 14 日中国证券监督管理委员会发布的《关于规范上市公司对外担保行为的通知》对上市公司对外担保的影响，本章选择 2006～2018 年在中国深圳证券交易所上市的位于长三角地区的企业作为研究对象，并按以下标准选择样本数据：（1）剔除不符合 2011 年《中小企业划型标准规定》的中小企业；（2）剔除担保数据未披露的中小企业；（3）剔除被 ST 的中小企业；（4）剔除净资产收益率、股权指标等缺少的中小企业；（5）因金融业比较特殊，故剔除金融业。最终样本为 949 个

中小企业集群互助担保融资及违约治理研究

平衡面板数据。由于研究样本量较大，为了缓解异常值对实证研究结果的影响，故对观测数据进行缩尾处理。本章的担保数据来源于 Wind 资讯，其他数据来源于国泰安 CSMAR 数据库，数据处理使用的软件是 Stata 11.0。

7.3 实证结果与分析

7.3.1 描述性统计分析

从表 7 - 2 可得，在 2006 ~ 2018 年各年的均值中，股权集中度（$GQ1$）的各年均值都在 50 左右，总体均值为 45.421，说明股权相对较为集中。国有股比例（$GQ2$）的总体均值为 0.052，流通股比例（$GQ3$）的总体均值为 0.766，高管持股比例（$GQ4$）的总体均值为 0.027，董事持股比例（$GQ5$）的总体均值为 0.091。可见，国有股比例、流通股比例、高管持股比例和董事持股比例都比较低。

同时，通过表 7 - 2 还发现中小企业的偿债能力（TB）都在 0.5 左右，总体均值为 0.469。说明中小企业所承担的债务比较重，偿债能力比较弱，这有可能跟中小企业担保频繁、担保金额大，甚至过度担保有关。

表 7 - 2　　　　　　2006 ~ 2018 年主要变量的描述性统计分析（均值）

年份	$GQ1$	$GQ2$	$GQ3$	$GQ4$	$GQ5$	TB
2006	54.452	0.851	1.440	0.014	5.687	0.554
2007	53.529	0.769	1.883	0.021	4.863	0.526
2008	52.763	0.717	2.667	0.023	4.208	0.516
2009	51.623	0.530	3.348	0.038	4.083	0.518
2010	50.127	0.389	4.260	0.257	4.059	0.520
2011	50.372	0.436	5.191	0.274	3.794	0.517

续表

年份	GQ1	GQ2	GQ3	GQ4	GQ5	TB
2012	49.634	0.355	5.825	0.339	3.788	0.509
2013	49.062	0.359	6.017	0.337	3.580	0.513
2014	48.809	0.678	6.407	0.351	4.291	0.498
2015	34.203	0.027	0.806	0.040	0.237	0.436
2016	33.738	0.039	0.804	0.038	0.118	0.446
2017	36.186	0.046	0.820	0.036	0.154	0.451
2018	40.359	0.027	0.874	0.031	0.096	0.472
均值	45.421	0.052	0.766	0.027	0.091	0.469

资料来源：担保数据来源于 Wind 资讯数据库，其他数据来源于国泰安 CSMAR 数据库，并经笔者整理。

7.3.2 相关性分析

当自变量之间存在多重共线性问题时，就会导致无法确认个别自变量对因变量的解释程度。检验是否存在多重共线性的最常用方法是查看自变量之间的相关系数，如果相关系数超过 0.8 就表示存在着比较严重的多重共线性问题。从表 7 - 3 可知，自变量间的相关系数均小于 0.8，最高值为 0.438。因此，可判断自变量之间不存在严重的多重共线性问题。

表 7 - 3   变量间相关性分析

变量	GQ1	GQ2	GQ3	GQ4	GQ5	TB	AGE	SIZE
GQ1	1.000							
GQ2	0.035	1.000						
GQ3	−0.157	−0.391	1.000					
GQ4	−0.160	−0.146	−0.172	1.000				
GQ5	−0.056	−0.090	−0.030	0.146	1.000			
TB	0.108	0.021	0.039	−0.097	−0.051	1.000		
AGE	−0.298	−0.039	0.422	−0.205	−0.050	0.127	1.000	
SIZE	−0.016	−0.006	0.091	−0.027	−0.015	0.375	0.438	1.000

资料来源：担保数据来源于 Wind 资讯数据库，其他数据来源于国泰安 CSMAR 数据库，并经笔者整理。

7.3.3 中间层面互助担保融资的 Logistic 回归分析

本章以 2006~2018 年在中国深圳证券交易所上市的长三角地区的中小企业为样本，共计 949 个平衡面板数据，参照饶育蕾、张媛和彭叠峰 (2008) 对过度担保的测度（经测算长三角地区全部样本数据的中间层面互助担保率的中位数为 0），并通过建立的 Logistic 模型对其做进一步分析。从表 7-4 可知，所有模型的结果 p 值都为 0，整体显著，模型预测准确率都达到 79.77%，说明股权结构对过度担保具有重要影响。

表 7-4 中小企业集群融资过度担保诱因的 Logistic 回归结果（中间层面）

变量	模型 A	模型 B	模型 C	模型 D	模型 E
$GQ1$	-0.011 *** (0.000)				
$GQ2$		-0.380 (0.292)			
$GQ3$			0.007 (0.974)		
$GQ4$				0.477 (0.558)	
$GQ5$					-0.088 (0.604)
TB	1.255 *** (0.000)	1.134 *** (0.000)	1.132 *** (0.000)	1.150 *** (0.000)	1.123 *** (0.000)
AGE	-0.013 (0.190)	-0.003 (0.712)	-0.002 (0.846)	-0.001 (0.941)	-0.002 (0.824)
$SIZE$	0.082 * (0.092)	0.065 (0.172)	0.064 (0.184)	0.06178 (0.208)	0.064 (0.184)
EP	0.183 * (0.092)	0.220 * (0.065)	0.160 (0.137)	0.173 (0.115)	0.151 (0.162)

续表

变量	模型 A	模型 B	模型 C	模型 D	模型 E
Constant	-2. 673 *** (0. 007)	-2. 830 *** (0. 003)	-2. 811 *** (0. 004)	-2. 789 *** (0. 004)	-2. 794 *** (0. 004)
Observations	949	949	949	949	949
Log likelihood	-452. 434	-459. 220	-459. 629	-459. 431	-459. 449
Wald chi2	41. 75	33. 62	32. 10	32. 51	32. 23
Prob > chi2	0. 000	0. 000	0. 000	0. 000	0. 000
Pseudo R^2	0. 051	0. 036	0. 036	0. 036	0. 0. 036
模型预测准确率 （%）	79. 77	79. 77	79. 77	79. 77	79. 77

注：括号内数值为 p 检验值； *** 、* 分别表示在 1%、10% 的水平上显著。

1. 解释变量对过度担保的影响

（1）模型 A 的股权集中度（GQ1）的系数为负，且在 1% 水平下通过检验，影响显著，即股权集中度与过度担保显著负相关，与预期假设 H1 一致。说明当中小企业的股权集中度越高，控股股东与企业经营者之间的代理成本越低，控股股东越能对企业经营者做到有效监督，中小企业越不容易发生过度担保。

（2）模型 B 的国有股比例（GQ2）的结果不显著，系数为负，不符合假设 H2 的预期。可能是国有股比例较低，还不能实现真正的内部人控制，故影响不显著。

（3）模型 C 的流通股比例（GQ3）的系数为正，结果不显著。说明流通股比例相对较低，而流通股股东不能直接参与和监督企业经营者，故影响不显著。

（4）模型 D 的高管持股比例（GQ4）的系数为正，结果不显著。说明高管持股比例可能较低，高管与股东之间的代理成本并未降低，使高管与企业的目标利益未能趋于一致，故影响不显著。

（5）模型 E 的董事持股比例（*GQ*5）的系数为负，结果不显著。说明董事持股比例也可能较低，董事与股东之间的代理成本并未降低，董事和股东的目标利益未能趋于一致，故影响不显著。

2. 控制变量对过度担保的影响

（1）模型 A 至模型 E 的偿债能力（*TB*）的系数都为正，且都在 1% 水平下通过检验，影响显著。说明企业的偿债能力越弱，越容易发生过度担保。

（2）模型 A 至模型 E 的上市年限（*AGE*）的系数都为负，结果都不显著。很可能是因为很多中小企业上市年限比较短，企业的经营质量不是很好，资金较缺乏，大部分企业可能会偏向担保融资，发生过度担保的可能性较高。

（3）模型 A 至模型 E 的企业规模（*SIZE*）的系数都为正，模型 A 在 10% 水平下通过检验，结果很显著，但其他模型的结果不显著。说明一定程度上可能存在因企业规模越大，企业的管理效率越低，管理也比较混乱，企业会很容易发生过度担保。

（4）模型 A 和模型 B 的企业性质（*EP*）的结果都在 10% 水平上显著，其他模型不显著，即企业性质与过度担保显著正相关。说明国有企业发生过度担保的可能性更大，可能因国有企业更多地将担保作为一种融资方式来减缓控制主体及其关联企业的融资难问题。

7.3.4 广义层面互助担保融资的 Logistic 回归分析

中国中小企业集群互助担保融资过度担保诱因的 Logistic 回归结果如表 7-5 所示。其中，模型 A 至模型 E 分别列示了单个解释变量和控制变量对过度担保影响的实证结果。从表 7-5 可知，所有模型结果的 p 值都为 0，整体显著，且模型预测准确率都达到 69% 以上，说明股权结构对过度担保有重要影响。

表7-5　　　　　　　中小企业集群互助担保融资过度担保诱因的
Logistic 回归结果（广义层面）

变量	模型 A	模型 B	模型 C	模型 D	模型 E
GQ1	-0.013 *** (0.000)				
GQ2		-0.050 (0.890)			
GQ3			0.180 (0.381)		
GQ4				1.229 * (0.063)	
GQ5					-0.036 (0.764)
TB	2.736 *** (0.000)	2.590 *** (0.000)	2.587 *** (0.000)	2.639 *** (0.000)	2.586 *** (0.000)
AGE	-0.023 ** (0.014)	-0.010 (0.287)	-0.013 (0.180)	-0.007 (0.468)	-0.010 (0.291)
SIZE	0.188 *** (0.004)	0.170 *** (0.006)	0.176 *** (0.005)	0.163 ** (0.011)	0.170 *** (0.006)
EP	-0.065 (0.536)	-0.083 (0.474)	-0.090 (0.381)	-0.059 (0.573)	-0.095 (0.354)
Constant	-4.570 *** (0.000)	-4.816 *** (0.000)	-5.043 *** (0.000)	-4.746 *** (0.000)	-4.811 *** (0.000)
Observations	949	949	949	949	949
Log likelihood	-547.643	-558.333	-557.950	-556.865	-558.295
Wald chi2	92.96	96.12	97.42	94.63	96.61
Prob > chi2	0.000	0.000	0.000	0.000	0.000
Pseudo R^2	0.168	0.151	0.152	0.153	0.151
模型预测准确率（%）	71.13	69.76	69.86	69.34	69.65

注：括号内数值为 p 检验值；*** 、** 、* 分别表示在1%、5%、10%的水平上显著。

1. 解释变量对过度担保的影响

（1）模型 A 的股权集中度（GQ1）的系数为负，且在1%水平下通过检验，影响显著，即股权集中度与过度担保呈显著负相关，与预期假设 H1 一致。说明当股权集中度越高，控股股东与企业经营者之间的代理成本会降低，控股股东能对企业经营者做到有效监督，中小企业不容易发生过度担保。

（2）模型 B 的国有股比例（*GQ*2）的结果不显著，系数为负，不符合假设 H2 的预期。可能因国有股比例较低，还不能实现真正的内部人控制，故影响不显著。

（3）模型 C 的流通股比例（*GQ*3）的系数为正，结果不显著。说明在中小企业内，流通股比例相对较低，流通股股东不能有效参与和监督企业经营者，也不能降低流通股股东与企业经营者之间的代理成本，故影响不显著。

（4）模型 D 的高管持股比例（*GQ*4）的系数为正，且在 10% 水平下通过检验，影响显著，即高管持股比例与过度担保呈显著正相关，与预期假设 H4 不一致。说明高管持股比例越高，虽然管理层与股东之间的代理成本会降低，但管理者和股东的目标利益可能不趋于一致，中小企业发生过度担保的可能性会高。

（5）模型 E 的董事持股比例（*GQ*5）的系数为负，结果影响不显著。说明董事持股比例也可能较低，董事与股东之间的代理成本并未降低，董事和股东的目标利益未能趋于一致，故影响不显著。

2. 控制变量对过度担保的影响

（1）模型 A 至模型 E 的偿债能力（*TB*）的系数都为正，且都在 1% 水平下通过检验，影响显著，即偿债能力与过度担保呈显著正相关。说明中小企业的偿债能力越弱，中小企业越容易发生过度担保，而偿债能力越强，中小企业越不容易发生过度担保。

（2）模型 A 至模型 E 的上市年限（*AGE*）的系数都为负，模型 A 的结果在 5% 水平下通过检验，其他模型的结果都不显著。可见，上市年限与过度担保呈显著负相关。因此，上市年限越长，可能部分中小企业的经营质量会提高，资金也会充裕，中小企业发生过度担保的可能性会降低。

（3）模型 A 至模型 E 的企业规模（*SIZE*）的系数都为正，模型 D 在 5% 水平下通过检验，其他模型都在 1% 水平下通过检验，影响显著，即企业规模与过度担保呈显著正相关。说明随着企业的规模越大，中小企业越容易发生过度担保。可能是当中小企业的规模越大，管理上较为混乱，企业的管理效率较低，故中小企业会很容易发生过度担保。

（4）模型 A 至模型 E 的企业性质（*EP*）的系数都为负，但结果都不显著。说明企业性质不同，即是否国有与企业是否过度担保不存在显著关系。

7.4　本章小结

本章的研究表明，股权结构对过度担保具有显著影响，主要结论包括：（1）股权集中度与过度担保呈显著负相关，即股权集中度越高，企业股东与经营者之间的代理成本会越低，股东能有效监督企业经营者，不会使中小企业发生过度担保；（2）高管持股比例与过度担保呈显著正相关，说明高管持股比例越高，虽然管理层与股东之间的代理成本会降低，但管理者和股东的目标利益可能不趋于一致，中小企业发生过度担保的可能性会越高；（3）偿债能力与过度担保呈显著正相关，说明中小企业的偿债能力越弱，中小企业越容易发生过度担保；而偿债能力越强，中小企业越不容易发生过度担保。

第8章

中小企业集群互助担保融资违约风险的传染机理分析

通过对 2011～2018 年长三角地区上市的中小企业的互助担保情况进行统计分析发现，中小企业集群互助担保融资的发展仍存在较多不足，如 2016～2018 年参与互助担保的中小企业中，其关联担保占比约为 50%，存在过度担保现象，甚至在个别年度出现了净资产担保率超过 200% 的企业；参与互助担保的中小企业每一年的平均净资产收益率均低于未参保企业，盈利能力较弱。这些因素都将导致企业违约风险的产生，并最终演变为影响区域经济的风险传染问题，造成严重的经济损失。

目前，风险传染机理的研究主要集中于金融领域。例如，艾伦和盖尔（Allen and Gale，2000）对银行间财务危机的传递规律进行了研究，并提出风险传染的概念；苗文龙（2013）借助 Cupola 模型通过对中美德三国进行对比分析，研究金融市场之间风险传染的内在机理；王怡和李红刚（2012）通过建立银行羊群效应模型，从信息不对称角度研究了风险传染机制。担保融资链也是风险传染机理的研究对象之一，如侯明和曹轶群（2013）、中国人民银行萧山支行课题组等（2013）、江衍妙和邵颂红（2014）研究发现，宏观经济因素、银行因素以及企业自身管理都可能造成风险传染的发生；罗佳（2015）对担保链风险传染运行过程及关键点进行了理论分析，并结合天煜建设担保链案例进行实务阐述；

张乐才和杨宏翔（2013）从效用函数出发建立了风险传染机制微观模型，对担保链风险传染机制进行了研究。

可见，中小企业集群互助担保融资违约风险传染机理的研究更多倾向于理论研究，通过建立模型研究风险传染机理的学者少之又少，而将传染病模型应用于中小企业集群互助担保融资违约风险传染的研究尚未出现。鉴于此，本章将利用传染病模型中的 SIRS 模型，并结合中小企业集群互助担保融资的发展特征，分析风险传染过程中的影响因素。

8.1 中小企业集群互助担保融资违约风险的传染渠道

张乐才（2011）认为风险传染机制主要表现为违约风险通过资产负债表渠道、信息传染渠道、投资传染渠道等形式进行传染。将其应用于中小企业集群互助担保融资中，具体表现为以下三个方面。

（1）担保作为企业的或有负债，一旦受保企业出现财务危机而到期无法偿还担保贷款，且担保企业也无力承担担保金额，那么风险就通过资产负债表渠道从受保企业传染到担保企业。

（2）集群互助担保网络中的个别企业一旦产生违约风险，会使其他成员企业面临风险。因为当银行只能从外界获取一些不充足的信息时，为了规避自身风险往往会选择追回与违约企业有关联关系的其他企业的担保贷款，并强迫担保企业为受保企业进行清偿，导致其他银行采取类似的行为，产生"羊群效应"，信息传染渠道进一步催化了风险的蔓延。

（3）投资传染渠道是以资产组合调整作为介质来传染风险的，往往表现为母公司为解决由于融资担保产生的资金流转问题而从子公司抽回资产，导致关联企业同样陷入财务困境。

8.2 中小企业集群互助担保融资违约风险的传染模型构建及分析

8.2.1 研究可行性分析

SIRS 模型主要用来描述群体中的个体在易感状态（susceptibles）、染病状态（infectives）以及移出状态（recovered）之间转移的过程，研究个体在传染环境中状态转移的规律。相较于 SIR 模型，SIRS 模型考虑到个体在康复后只是获得暂时免疫力，仍存在被再次传染的可能性。因此，在厘清中小企业集群互助担保融资的风险传染机制后，就会发现风险在中小企业集群互助担保网络中的传染过程与 SIRS 模型中传染病的传播过程更为相似，具体表现为以下几方面。

（1）对象相似性。风险在集群互助担保网络中蔓延时，节点企业状态与 SIRS 模型中群体类型具有一定的相似性。由于集群中企业的资产规模、经营模式等方面存在差异，导致其风险防范及管理水平存在差别。因此在风险传染过程中节点企业会分别处于三种状态：企业的风险管理能力较差而容易引发违约风险，呈风险感染状态；由于参与集群互助担保与风险感染企业存在一定关联，可能被风险传染而呈现风险暴露状态；企业具有有效的风险管理机制，抵御外部风险冲击的能力较强，或企业因遭受风险传染导致破产而移出风险传染过程，呈风险免疫状态。这三种节点企业状态与 SIRS 模型中群体的易感状态、染病状态以及移出状态相似，为运用 SIRS 模型研究中小企业集群互助担保融资违约风险的传染问题提供了基本条件。

（2）过程相似性。集群互助担保网络中的中小企业间存在着不同程度的担保关系，使企业间产生了关联，个别企业的资金流动变化势必会影响到集群中的其他企业。因此，一旦某个企业发生了违约风险，将会传递给与其直接关联的其他企业，如不能得到有效控制，风险将会扩散，最终导致没有直接关联的企业受损。这与传染病的接触传染相似，都是在存在一定接触的情况下才会产生传染的。

（3）特征相似性。从风险在集群互助担保网络中的传染特征来看，其往往呈现突发性、持续性的特点，当风险发生时，节点企业间由于参与集群互助担保产生相互关联，使得风险在网络中迅速蔓延，波及众多企业，这与传染病在群体中具有的传染及扩散特征相似。

通过以上分析，研究传染病传播的 SIRS 模型对于分析中小企业集群互助担保融资违约风险的传染问题同样具有很强的借鉴意义，利用 SIRS 模型研究中小企业集群互助担保网络中的违约风险传染具有可行性。本章将结合中小企业集群互助担保融资违约风险传染的特点，将 SIRS 模型进行适当改造，使其更贴近本书的研究目的，以了解中小企业集群互助担保融资违约风险的传染过程。

8.2.2 研究假设

借鉴传染病动力学的 SIRS 模型，构建中小企业集群互助担保融资违约风险传染模型。研究假设如下。

假设 1：集群互助担保网络是一个有限的、封闭的系统网络，各个中小企业为该网络中的节点，在风险传染过程中，网络外的理性企业不会与出现违约风险的企业建立新的互助担保关系，即没有新的节点企业进入该网络，同时因遭受风险传染导致破产的企业将移出风险传染过程，但原有的节点企业不会退出网络。

假设 2：假设该网络为风险无固定方向传染的网络，即风险传染无固定的方向。

假设 3：考虑到节点企业存在风险防范及管理水平的差异性，假设部分企业通过自身有效的风险防御措施在被风险传染前形成对风险的直接免疫；部分企业被传染后，在风险得到控制之后形成对风险的免疫，而另一部分企业在风险得到控制之后仍然无法形成对风险的免疫，继续呈风险暴露状态。

8.2.3 SIRS 集群互助担保网络违约风险传染模型的构建

1. 变量与参数假定

基于对中小企业集群互助担保融资违约风险传染模型的假定，为了研究方便，将对集群互助担保网络中的节点企业在风险中所处状态的数量研究简化为对其密度的研究。因此将节点企业在风险传染过程中所处状态分为以下三类。

（1）风险暴露企业密度。与感染企业因集群互助担保融资存在关联关系，可能被风险传染的企业占网络中企业总数的比例，表示 t 时刻尚未被风险传染，但是具有被传染风险可能性的企业密度，记为 $S(t)(0 \leqslant S(t) \leqslant 1)$。

（2）风险感染企业密度。即出现违约风险，已被风险传染的企业占网络中企业总数的比例，表示 t 时刻已被风险传染，并且有可能将风险继续传染给其他节点的企业密度，记为 $I(t)(0 \leqslant I(t) < 1)$。

（3）风险免疫企业密度。即获得对风险传染免疫能力的企业占网络中企业总数的比例，表示 t 时刻由于进行了风险控制、风险补救、风险防控等应急措施，暂时未出现违约风险影响其经营状况，获得了对风险传染免疫的企业密度，以及未能抵御风险传染导致破产移出风险传染过程的企业密度，记为 $R(t)(0 \leqslant R(t) < 1)$。

根据前面的假设，分析各节点企业在风险传染过程中的状态变化情况，中小企业集群互助担保融资违约风险的传染过程如图 8-1 所示。

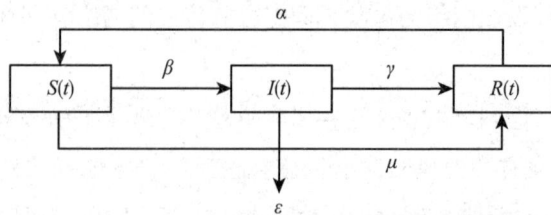

图 8-1 中小企业集群互助担保融资违约风险的传染过程

模型的参数设定如下。

β：表示风险传染系数，即集群互助担保网络中节点企业间风险传染的概率。在中小企业集群互助担保融资的风险传染过程中，该参数主要受集群内企业间的关联度，即中小企业对于集群互助担保的参与度及其金额数量等因素的影响。

μ：表示直接免疫系数，即部分风险暴露企业在被风险传染之前，通过采取防御措施，使其避免被风险传染，直接转换为免疫状态的概率。

γ：表示处于感染状态的企业，通过自身或者外界的风险管理措施而消除风险转换为免疫状态的概率。

ε：表示破产系数，即处于感染状态的企业，因未能抵御风险导致破产移出风险传染过程的概率。

α：表示已形成风险免疫能力的企业，因风险应对措施缺乏等原因，导致其丧失风险免疫能力，再次转换为风险暴露企业的概率。

2. 模型建立

根据中小企业集群互助担保融资违约风险的传染过程，建立 SIRS 集群互助担保网络违约风险传染模型，构建如下表示各类型企业密度变化的动力学方程组：

$$\begin{cases} \dfrac{\mathrm{d}S(t)}{\mathrm{d}t} = -\beta S(t)I(t) - \mu S(t) + \alpha R(t) \\[2mm] \dfrac{\mathrm{d}I(t)}{\mathrm{d}t} = \beta S(t)I(t) - \gamma I(t) - \varepsilon I(t) \\[2mm] \dfrac{\mathrm{d}R(t)}{\mathrm{d}t} = \mu S(t) + \gamma I(t) + \varepsilon I(t) - \alpha R(t) \end{cases} \quad (8.1)$$

8.2.4　模型平衡点及稳定性分析

1. 求解平衡点

由于 $S(t) + I(t) + R(t) = 1$，将 $R(t) = 1 - S(t) - I(t)$ 代入方程 (8.1)，消去 $R(t)$，得：

中小企业集群互助担保融资及违约治理研究

$$\begin{cases} \dfrac{\mathrm{d}S(t)}{\mathrm{d}t} = -\beta S(t)I(t) - \mu S(t) + \alpha[1 - S(t) - I(t)] \\ \dfrac{\mathrm{d}I(t)}{\mathrm{d}t} = \beta S(t)I(t) - \gamma I(t) - \varepsilon I(t) \end{cases} \qquad (8.2)$$

$$令\begin{cases} \dfrac{\mathrm{d}S(t)}{\mathrm{d}t} = 0 \\ \dfrac{\mathrm{d}I(t)}{\mathrm{d}t} = 0 \end{cases} \quad 即 \begin{cases} -\beta S(t)I(t) - (\mu + \alpha)S(t) - \alpha I(t) + \alpha = 0 \\ \beta S(t)I(t) - (\gamma + \varepsilon)I(t) = 0 \end{cases}$$

$$(8.3)$$

求解方程组，得到平衡点：

$$M_1: \begin{cases} S_1 = \dfrac{\alpha}{\mu + \alpha} \\ I_1 = 0 \end{cases} \qquad M_2: \begin{cases} S_2 = \dfrac{\gamma + \varepsilon}{\beta} \\ I_2 = \dfrac{\alpha\beta - (\mu + \alpha)(\gamma + \varepsilon)}{\beta(\gamma + \varepsilon + \alpha)} \end{cases}$$

其中，β 度量了集群互助担保网络中企业风险的传染性，即风险从感染企业传染给风险暴露企业的迅速程度；而 $\gamma + \varepsilon$ 则度量了风险从感染企业中移除的迅速程度。因此，记 $P = \dfrac{\beta}{\gamma + \varepsilon}$ 表示网络中风险的有效传染率。

（1）当 $P = \dfrac{\beta}{\gamma + \varepsilon} < \dfrac{\mu + \alpha}{\alpha}$ 时，$I_2 < 0$，与假设不符，此时仅存在唯一平衡点 M_1，即为该系统的风险消除平衡点，表示此时网络中无风险蔓延传染。

（2）当 $P = \dfrac{\beta}{\gamma + \varepsilon} > \dfrac{\mu + \alpha}{\alpha}$ 时，M_1、M_2 均为平衡点，此时 M_1 仍为该系统的风险消除平衡点，M_2 则表示集群互助担保网络中的风险传染平衡点，表示此时网络中风险呈蔓延传染的趋势。

2. 平衡点稳定性分析

结合李雅普诺夫第一法（间接法），利用 Jacobian 矩阵求解动力学方程的特征根。若特征根均为负数或有负实部，则方程的零解是渐近稳定的；若特征根为正数或有正实部，则方程的零解是不稳定的。

集群互助担保网络中风险传染的任何平衡点均需满足公式（8.2）中

等式的右边等于零，即：

$$\begin{cases} \dfrac{\mathrm{d}S(t)}{\mathrm{d}t} = -\beta S(t)I(t) - \mu S(t) + \alpha[1 - S(t) - I(t)] = 0 \\ \dfrac{\mathrm{d}I(t)}{\mathrm{d}t} = \beta S(t)I(t) - \gamma I(t) - \varepsilon I(t) = 0 \end{cases} \quad (8.4)$$

则相应的 Jacobian 矩阵为：

$$J = \begin{pmatrix} -\beta I(t) - (\mu + \alpha) & -\beta S(t) - \alpha \\ \beta I(t) & \beta S(t) - (\gamma + \varepsilon) \end{pmatrix} \quad (8.5)$$

（1）在 $M_1 : \begin{cases} S_1 = \dfrac{\alpha}{\mu + \alpha} \\ I_1 = 0 \end{cases}$ 处，

$$J_1 = \begin{pmatrix} -(\mu + \alpha) & -\beta \dfrac{\alpha}{\mu + \alpha} - \alpha \\ 0 & \beta \dfrac{\alpha}{\mu + \alpha} - (\gamma + \varepsilon) \end{pmatrix} \quad (8.6)$$

则 J_1 的特征方程式为：

$$|\lambda E - J_1| = \begin{vmatrix} \lambda + (\mu + \alpha) & \beta \dfrac{\alpha}{\mu + \alpha} + \alpha \\ 0 & \lambda - \beta \dfrac{\alpha}{\mu + \alpha} + (\gamma + \varepsilon) \end{vmatrix} = 0 \quad (8.7)$$

解得：$\begin{cases} \lambda_1 = -(\mu + \alpha) \\ \lambda_2 = \beta \dfrac{\alpha}{\mu + \alpha} - (\gamma + \varepsilon) = \dfrac{\alpha\beta - (\mu + \alpha)(\gamma + \varepsilon)}{(\mu + \alpha)} \end{cases}$

由前面推导可知：

当 $P = \dfrac{\beta}{\gamma + \varepsilon} < \dfrac{\mu + \alpha}{\alpha}$ 时，$\begin{cases} \lambda_1 < 0 \\ \lambda_2 < 0 \end{cases}$，该特征方程的特征根均为负，此

时系统在平衡点 M_1 处渐进稳定。

当 $P = \dfrac{\beta}{\gamma + \varepsilon} > \dfrac{\mu + \alpha}{\alpha}$ 时，$\begin{cases} \lambda_1 < 0 \\ \lambda_2 > 0 \end{cases}$，该特征方程的特征根存在正根，

中小企业集群互助担保融资及违约治理研究

此时系统在平衡点 M_1 处不稳定。

（2）在 M_2：$\begin{cases} S_2 = \dfrac{\gamma + \varepsilon}{\beta} \\ I_2 = \dfrac{\alpha\beta - (\mu + \alpha)(\gamma + \varepsilon)}{\beta(\gamma + \varepsilon + \alpha)} \end{cases}$ 处，

$$J_2 = \begin{pmatrix} -\beta\dfrac{\alpha\beta - (\mu + \alpha)(\gamma + \varepsilon)}{\beta(\gamma + \varepsilon + \alpha)} - (\mu + \alpha) & -\beta\dfrac{\gamma + \varepsilon}{\beta} - \alpha \\ \beta\dfrac{\alpha\beta - (\mu + \alpha)(\gamma + \varepsilon)}{\beta(\gamma + \varepsilon + \alpha)} & \beta\dfrac{\gamma + \varepsilon}{\beta} - (\gamma + \varepsilon) \end{pmatrix}$$

$$(8.8)$$

则 J_2 的特征方程式为：

$$|\lambda E - J_2| = \begin{vmatrix} \lambda + \beta\dfrac{\alpha\beta - (\mu + \alpha)(\gamma + \varepsilon)}{\beta(\gamma + \varepsilon + \alpha)} + (\mu + \alpha) & \beta\dfrac{\gamma + \varepsilon}{\beta} + \alpha \\ -\beta\dfrac{\alpha\beta - (\mu + \alpha)(\gamma + \varepsilon)}{\beta(\gamma + \varepsilon + \alpha)} & \lambda - \beta\dfrac{\gamma + \varepsilon}{\beta} + (\gamma + \varepsilon) \end{vmatrix}$$

$$= \lambda^2 + \lambda \cdot \frac{\alpha\beta + \alpha(\mu + \alpha)}{\gamma + \varepsilon + \alpha} + (\gamma + \varepsilon + \alpha)\frac{\alpha\beta - (\mu + \alpha)(\gamma + \varepsilon)}{\gamma + \varepsilon + \alpha}$$

$$= 0 \qquad\qquad (8.9)$$

由韦达定理可得：$\begin{cases} \lambda_1 + \lambda_2 = -\dfrac{\alpha\beta + \alpha(\mu + \alpha)}{\gamma + \varepsilon + \alpha} \\ \lambda_1\lambda_2 = (\gamma + \varepsilon + \alpha)\dfrac{\alpha\beta - (\mu + \alpha)(\gamma + \varepsilon)}{\gamma + \varepsilon + \alpha} \end{cases}$

$$(8.10)$$

由于特征方程式的判别式 $\Delta \neq 0$，因此由前面推导可知：

当 $P = \dfrac{\beta}{\gamma + \varepsilon} < \dfrac{\mu + \alpha}{\alpha}$ 时，$\begin{cases} \lambda_1 + \lambda_2 < 0 \\ \lambda_1\lambda_2 < 0 \end{cases}$，该特征方程的特征根存在正

根，此时系统在平衡点 M_2 处不稳定。

当 $P = \dfrac{\beta}{\gamma + \varepsilon} > \dfrac{\mu + \alpha}{\alpha}$ 时，$\begin{cases} \lambda_1 + \lambda_2 < 0 \\ \lambda_1\lambda_2 > 0 \end{cases}$，该特征方程的特征根为负数

或有负实部，此时系统在平衡点 M_2 处渐进稳定。

通过分别讨论可知，在此集群互助担保网络中，当 $P = \dfrac{\beta}{\gamma + \varepsilon} < \dfrac{\mu + \alpha}{\alpha}$ 时，存在风险消除平衡点 M_1，且渐进稳定；当 $P = \dfrac{\beta}{\gamma + \varepsilon} > \dfrac{\mu + \alpha}{\alpha}$，存在风险传染平衡点 M_2，且渐进稳定。因此，可以将 $\dfrac{\mu + \alpha}{\alpha}$ 定义为集群互助担保网络中风险有效传染率的阈值，即当集群中的个别节点企业产生违约风险时，网络中并不一定会产生风险传染，当且仅当系统中风险的有效传染率达到或者超过阈值时，风险才会在网络中蔓延传染开来。

8.3 SIRS 集群互助担保网络违约风险传染模型的系统仿真分析

考虑到数据的有效性以及代表性，由于天煜建设案例为近几年来所发生的最大规模的风险传染事件，同时事件发生地——浙江是目前中小企业集群发展最为广泛和迅速的地域之一，且事件的发生源头就是由于天煜建设破产导致与其存在互助担保关系的企业出现违约，产生财务风险，天煜建设案例对于分析中小企业集群互助担保融资的风险传染具有很强的借鉴意义。因此，本章选取天煜建设案例的风险传染初始阶段作为研究对象，对由于参与集群互助担保而产生关联的 65 家中小企业的状态进行深化分析，并以此设定模型初始值，得出的结论如表 8-1 所示。

表 8-1　　　　　　集群互助担保网络中节点企业初始状态

节点企业状态	数量	密度	具体情况
风险暴露企业	36	$S(0) \approx 0.55$	36 家企业的经营状况暂时正常，但与感染企业保持较为密切的互助担保关系，处于风险暴露状态，未来可能被风险传染

续表

节点企业状态	数量	密度	具体情况
感染企业	18	$I(0) \approx 0.28$	18 家企业正处于风险感染状态，产生违约风险并导致企业的经营状况已经受到了不同程度的影响，并且这些企业在未来可能会通过互助担保网络影响更多的企业
免疫企业	11	$R(0) \approx 0.17$	其中天煜建设因破产移出风险传染过程，剩余的10 家企业由于为其他企业提供的互助担保较少，且尚未与感染企业有直接互助担保关系，经营尚未受到影响，获得暂时免疫能力，但仍有再次成为风险暴露企业的可能性

注：案例涉及中小企业的担保融资情况来源于 Wind 资讯和新浪浙江、财经网，其他财务数据来源于锐思金融研究数据库，并由笔者整理。

根据对这 65 家中小企业的资料调查，发现经过一段时间，36 家风险暴露企业中，21 家企业转换为感染状态，6 家企业获得直接免疫能力，则可得出 $\beta \approx 0.6$，$\mu \approx 0.17$；18 家感染企业中，有 2 家企业获得暂时免疫能力，另外中江控股宣布破产，则可得出 $\gamma \approx 0.11$，$\varepsilon \approx 0.06$；11 家免疫企业中，3 家企业转换成为风险暴露状态，则可得出 $\alpha \approx 0.27$。各指标参数的初始值的设定满足 $P = \dfrac{\beta}{\gamma + \varepsilon} > \dfrac{\mu + \alpha}{\alpha}$，由此风险传染开始在中小企业集群互助担保网络中蔓延发展。

在 Matlab 8.6 环境下，利用 4 ~ 5 阶 Runge-Kutta 方法对 SIRS 集群互助担保网络违约风险传染模型进行系统仿真。将所有参数的初始值代入方程（8.1），得到仿真结果，如图 8 - 2 所示。

从图 8 - 2 中可以看出，处于风险感染状态的企业密度随时间呈增加的趋势，虽然在达到峰值后出现了较小幅度的回落，但是感染企业密度仍然居高不下，此时风险仍继续在网络中蔓延。在此初始状态下，本章将分别从降低风险有效传染率及提高阈值出发，最终使得 $P = \dfrac{\beta}{\gamma + \varepsilon} < \dfrac{\mu + \alpha}{\alpha}$ 成立，以消除网络中的风险传染，并借此探讨风险传染的影响因素。

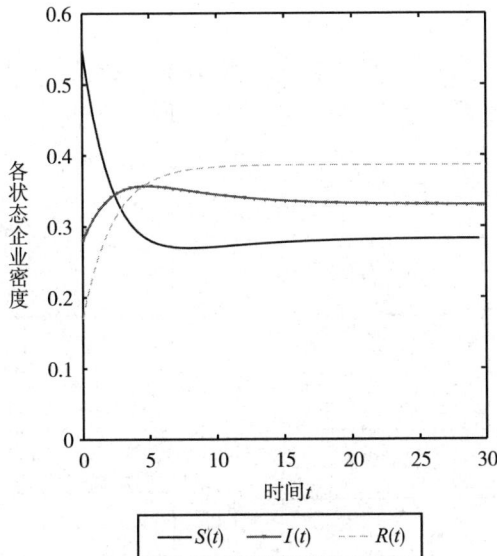

图 8 - 2　初始状态各节点企业密度

1. 从风险的有效传染率角度出发

通过公式 $P = \dfrac{\beta}{\gamma + \varepsilon}$ 可以看出，风险有效传染率的大小主要受三个参数的影响：节点企业间风险传染系数 β、感染企业转换为免疫企业的概率 γ 以及企业破产系数 ε。

（1）在保持其他参数不变的前提下，减少 β 的取值，四组仿真过程 β 分别取 0.5、0.4、0.25、0.05，仿真结果如图 8 - 3 所示。

从图 8 - 3 中可以看出，随着 β 取值的不断减小，感染企业的密度出现明显减少，当风险的有效传染率小于阈值时，感染企业的密度随时间开始出现递减的趋势，表明此时集群互助担保网络中的风险传染已经得到控制，甚至是消除。因此，β 越小，风险暴露企业被风险传染的概率就越低，从而使风险在集群互助担保网络中蔓延的可能性大大降低，风险传染向可控方向发展。

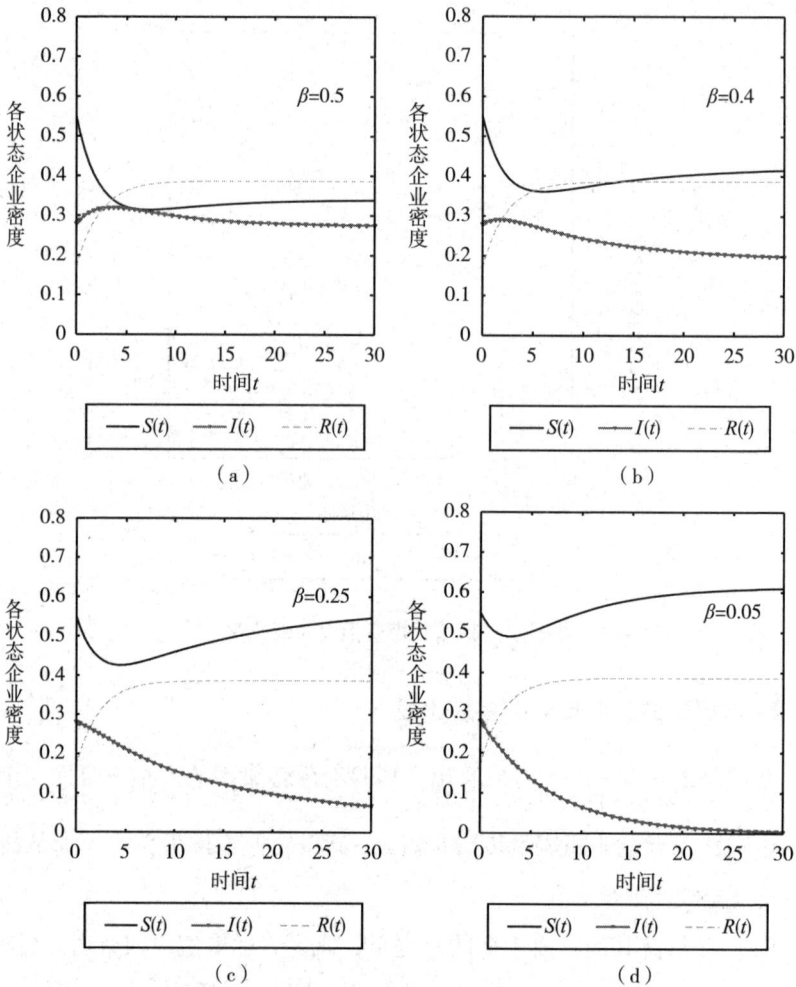

图 8 - 3 β 不同取值下的各状态企业密度

（2）在保持其他参数不变的前提下，增大 γ、ε 的取值，四组仿真过程 γ、ε 分别增大 0.01、0.05、0.1、0.2，仿真结果如图 8 - 4 所示。

从图 8 - 4 中可以看出，随着 γ、ε 取值的不断增大，感染企业的密度明显减少，当风险的有效传染率小于阈值时，感染企业的密度随时间开始出现递减的趋势，表明此时集群互助担保网络中的风险传染已经得到控制，甚至是消除。因此，γ、ε 越大，从感染状态中移出的企业就越

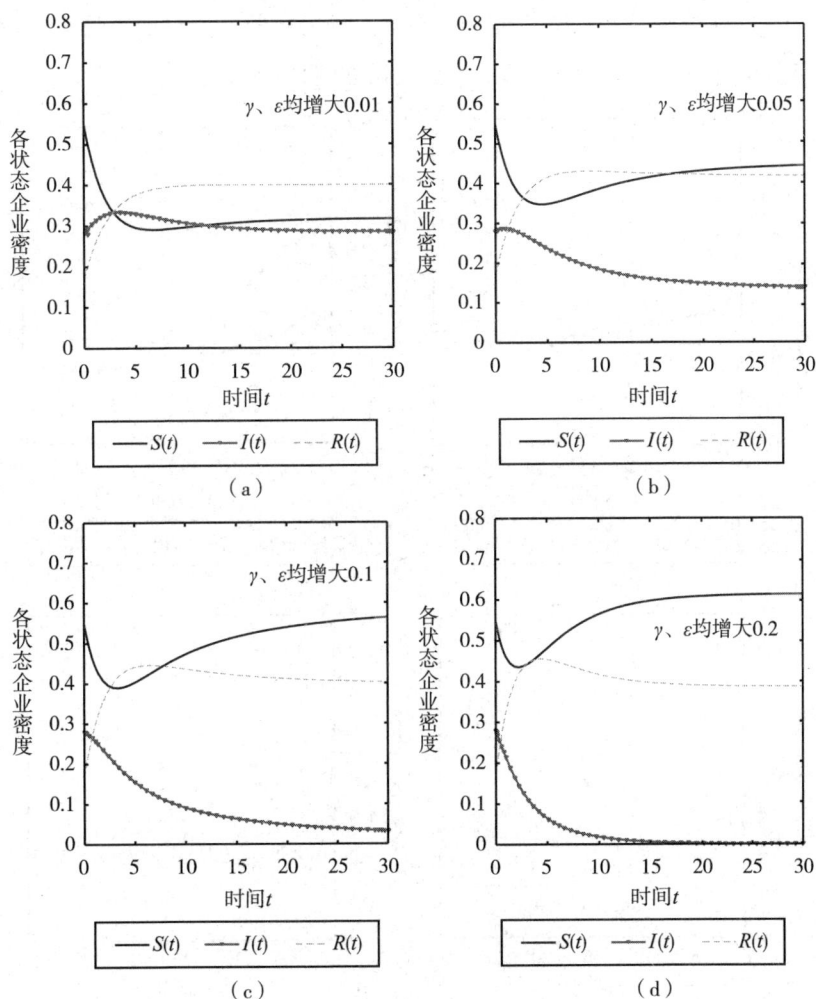

图 8-4 γ、ε 不同取值下的各状态企业密度

多，集群互助担保网络中的感染企业就越少，从而系统中的风险管理呈有利可控趋势。

2. 从风险有效传染率的阈值角度出发

通过 $\dfrac{\mu + \alpha}{\alpha} = 1 + \dfrac{\mu}{\alpha}$ 可以看出，阈值的大小主要受节点企业的直接免疫系数 μ 以及免疫企业丧失风险免疫概率 α 的影响。

中小企业集群互助担保融资及违约治理研究

（1）在保持其他参数不变的前提下，增大μ的取值，四组仿真过程μ分别取0.3、0.45、0.6、0.8，仿真结果如图8-5所示。

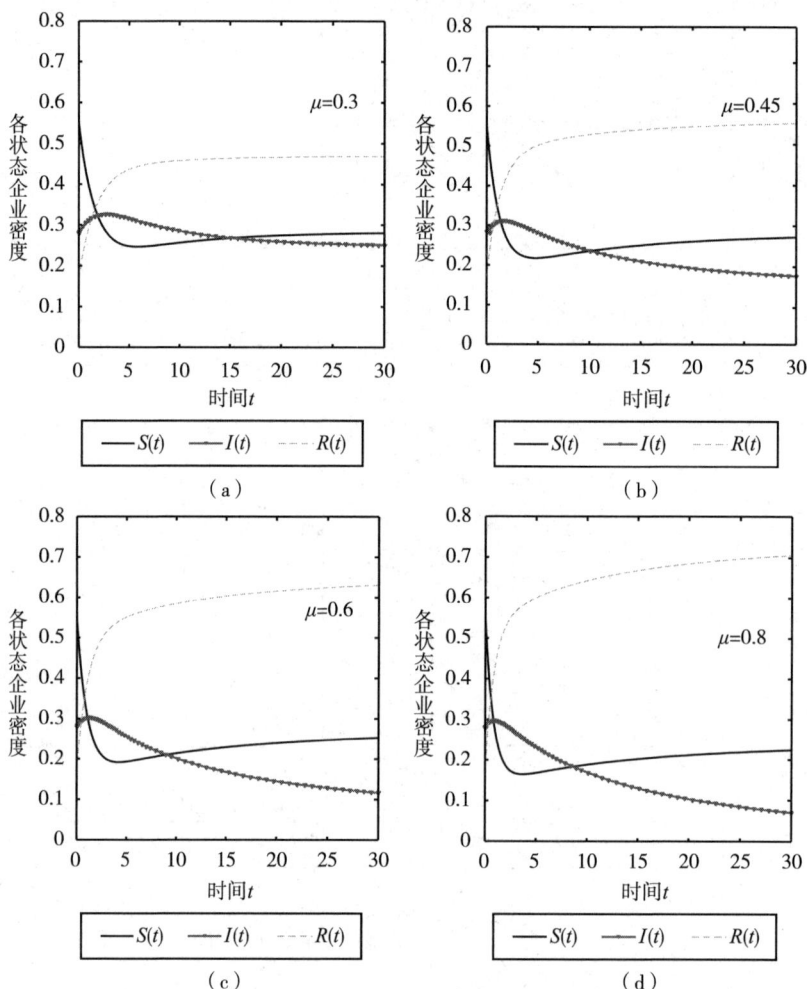

图8-5　μ 不同取值下的各状态企业密度

从图8-5中可以看出，随着μ取值的增大，相比初始状态，处于免疫状态的企业密度明显增大，风险暴露企业密度减小，当阈值大于风险有效传染率时，感染企业的密度随时间开始出现较为明显的递减趋势，证明集群互助担保网络中的风险传染开始得到控制，并且节点企业获得了一定的风险免疫能力。因此，μ 越大，免疫企业的数量就越多，使风险传染在网络中难以继续蔓延。

（2）在保持其他参数不变的前提下，减小 α 的取值，四组仿真过程 α 分别取 0.25、0.2、0.15、0.05，仿真结果如图 8-6 所示。

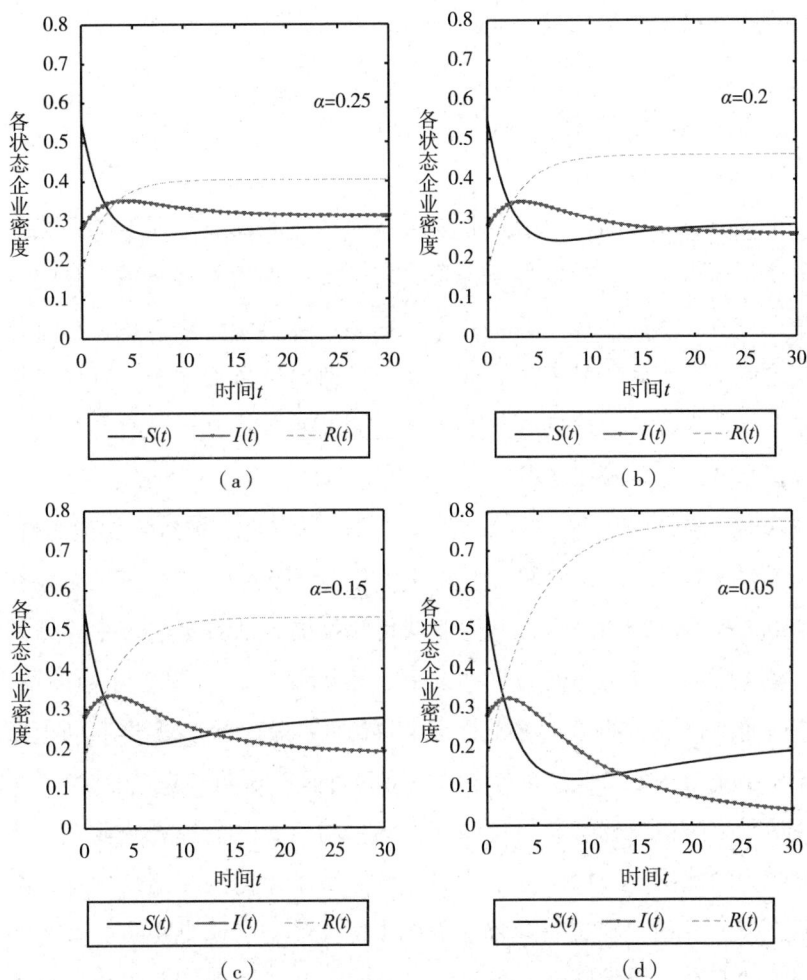

图 8-6　α 不同取值下的各状态企业密度

从图 8-6 中可以看出，随着 α 取值的减小，相比初始状态，免疫企业密度增大的幅度以及风险暴露企业密度减小的幅度均比较明显，当阈值大于风险有效传染率时，感染企业的密度随时间开始呈现递减趋势，证明集群互助担保网络中的风险传染开始得到控制，同时节点企业获得了较强的风险免疫能力。因此，α 越小，免疫企业丧失免疫能力的概率越低，可使集群互助担保网络中的节点企业获得持续免疫的能力，遏制风险传染在网络中的进一步蔓延。

8.4 本章小结

本章的研究表明，中小企业集群互助担保融资违约风险的传染是通过资产负债表渠道、投资传染渠道、信息传染渠道等进行的，且集群中的个别企业产生违约风险时，并不一定会产生风险传染效应，当且仅当系统中风险的有效传染率达到或者超过阈值时，风险才会在互助担保网络中蔓延传染开来。通过对 SIRS 集群互助担保网络违约风险传染模型的系统仿真分析，发现以下因素会对违约风险的传染造成影响：（1）节点企业间的风险传染概率的减小，会降低风险暴露企业被风险传染的概率，减少风险在集群互助担保网络中蔓延传染的可能性；（2）感染企业获得免疫能力概率的增大，会提升企业获得免疫能力从感染状态中移出的概率，减少集群互助担保网络中感染企业的数量；（3）破产系数的增大，会提升企业以破产状态从感染状态中移出的概率，减少集群互助担保网络中感染企业的数量，使系统中的风险管理呈有利可控趋势；（4）企业避免遭受风险传染直接获得免疫能力概率的增大，会提升企业获得直接免疫能力的概率，增加免疫企业的数量，使风险传染在网络中难以继续蔓延；（5）免疫企业丧失免疫能力概率的减小，会降低免疫企业丧失免疫能力的概率，使集群互助担保网络中的节点企业能够获得持续免疫的能力，遏制风险传染在网络中的进一步蔓延。

第 9 章
中小企业集群互助担保融资的违约治理研究

造成中小企业集群互助担保融资违约的原因十分复杂，如国家宏观政策环境建设尚不完善、金融机构发展水平有待提升、担保机构等中介机构的管理体系存在漏洞以及企业自身投融资理念不成熟等。因此，解决中国中小企业集群互助担保融资违约的基本途径在于：大力推进体制和制度创新，从外部引进市场化的资源配置机制，建立起多层次、多渠道、全方位、高效率的中小企业集群互助担保融资体系。本章主要从政府部门角度、金融机构角度、中介机构角度以及集群企业角度对中小企业集群互助担保融资的违约治理进行分析。

9.1 政府部门加强政策引导

从政府部门角度来看，民间资本相关立法制度不完善、监管力度不足以及宏观风险管理体系不健全等对中小企业集群互助担保融资违约的发生具有重大影响作用，而这些因素对于中小企业而言，具有不可抗性，而且没有规律性。因此，本章将从促进民间资本"阳光化"、建立互助担保风险补偿机制等方面入手，对中小企业集群互助担保融资的违约治理机理进行分析并提出相关建议。

9.1.1 强化民间资本发展的引导机制

由于 2011 年上半年开始的紧缩性货币政策，饱受资金掣肘的中小企

业向银行告贷无门的情况下，开始纷纷转向民间借贷。但由于金融体制
改革相对滞后，缺乏民间资本的投资渠道，民间借贷野蛮生长，贷款利
率被节节推高，整个市场严重扭曲，最终导致各地频发中小企业主违约
事件。因此，要想遏制由民间借贷市场紊乱引发的中小企业违约现象，
就必须加强相关民间资本运行的立法，尤其是加快民间资本参与金融机
构、民间资本市场准入、民间资本运行监督机制等方面的立法步伐，建
立健全民间资本运行监管等有效机制。

目前，民间资本和民间借贷融资模式的困境很大程度上是由于目前
法律规定的模糊和留白，政府并没有赋予其应有的法律和政策地位，并
对其实施有效的支持和监管，这使得游弋于官方体系之外的民间资本市
场一直呈畸形发展状态。因此，为了改善民间资本的发展现状，就必须
加快民间资本的立法工作，给予民间资本及市场以必要的制度空间。例
如，确定民间资本合法化的判定标准、资金来源；民间资本进入各产业
的出资要求、进入方式、业务范围；对市场内民间金融机构制定优胜劣
汰的市场机制，降低金融转嫁风险；对民间金融机构要求有明确的财务
制度和风险控制制度；针对不同的行业进行差别化管理，实行不同的借
贷利率，尽量减少民间资本的投机操作。只有承认民间资本的合法性，
并将其从地下状态引导和纳入国家的主体金融体系之中，才能更好地引
导和规范民间资本的有序健康发展。

首先，鼓励乡镇（社区）银行、创业股权投资基金等新兴金融机构
的发展，这些金融机构不仅有助于解决由于信息不对称引发的逆向选择
和道德风险问题，能够更为近距离和高效地服务于中小企业、个体户等
"草根"经济体，还有助于开展消费类金融创新，为民间资本开辟更多的
投融资渠道。其次，引导小额贷款公司由工商企业转为国家金融监管下
的区域银行，将其从一般意义的民间借贷主体中分离出来，承认其金融
企业地位。这有助于降低民间资本的金融成本，从而使高利贷存在的可
能性和必要性消失，也使得地下钱庄等非法民间金融机构不再成为中小

企业融资的主要途径和渠道，间接促进民间资本市场的规范发展。最后，设立行业基金平台，合理利用金融杠杆，引导民间资本参与支持地方中小企业融资发展。同时，在审慎监管下让私募基金走向阳光化、规范化，如进一步开放债券、产权交易市场等，通过引导支持民间资本开展直接金融创新，让大量过剩民间资金能够迅速找到"用武之地"。

9.1.2 加大对担保机构的监管力度

在民间资本"阳光化"的发展进程中，政府部门不仅需要发挥其引导作用，更应该健全其监管职能。首先，政府需成立专项的民间资本监管部门，作为民间资本发展的监管主体。应依据相关法律规范，严格监管民间金融的合法性，如民间金融机构在运营过程中的准入条件、市场定位、业务范围是否满足法律规范的要求，民间金融机构是否依照法律规范要求建立风险防范制度，以及监管部门在监管体系中是否能够充当执法者的角色等，并做到及时为民间金融机构提供所需的金融专业、法律专业等知识援助。其次，鼓励民间金融机构相互监督，必要时可提供一些政策性鼓励，以营造民间金融机构良好的自查与互查氛围。最后，中介机构作为联系集群企业和民间金融机构的中间组织，在监管体系中往往充当着信息搜集者的角色，能够通过与集群企业和民间金融机构的不断合作，丰富集群企业和民间金融机构的信息。因此，监管部门应加强与中介机构的交流合作，一方面能够充分把握民间资金流向，确保其流入实体经济而非市场炒作严重的虚拟经济；另一方面能够更加及时地发现企业或者民间金融机构中可能存在的一些不符合法律规范的行为。

9.1.3 构建企业信息共享平台

信息化时代的来临，也让信息的流通愈发迅速畅通。因此，政府应联合工商、税务、金融机构、担保机构等多部门建立透明化的企业信息共享平台。例如，工商部门可以提供企业的登记注册信息、公共事业消费是否存在违法违规行为（假冒伪劣、消费者投诉等）等相关信息；税务部门可以提供企业纳税情况、是否存在避税逃税行为等相关信息；金融机构可以提供企业的银行授信情况是否存在信贷违约等相关信息；担保机构可以提供企业的基本经营负债情况、担保关系网、信用评级等相关信息。将诸如此类的信息整合到有效的信息平台上，不仅有助于金融机构和担保机构对企业进行贷前的资格审查，更有利于社会信息环境的建设，可以从源头遏制企业恶意担保、过度担保等行为的发生，从而抑制违约风险的产生。

9.1.4　建立互助担保风险补偿机制

顾海峰（2011）在《中小企业金融担保风险补偿机制的系统性构建研究》一文中，以中小企业金融担保风险补偿机理的经济学分析为切入点，提出了中小企业金融担保风险补偿机制的基本架构，该机制主要包括基于政府财政补贴路径的金融担保风险补偿机制、基于风险自留路径的金融担保风险补偿机制两部分内容。因此，为了实现互助担保业务的可持续发展，减少信用危机带来的违约损失，有必要建立互助担保资金的风险补偿机制，从政府部门角度来看，就是指建立财政补偿机制。

市场经济的重要特征是市场主体追求直接效益，而信用担保自身并不能提供较高的直接效益。由于其高风险、低收益，私人部门一般不愿介入或只是有限介入，同时宏观层面的法治环境、社会信用环境等问题也是市场无法有效解决的问题，因此，只有政府介入才能启动和发展这项业务，而政府介入的规范形式，必然是财政的介入。事实证明，财政持续介入中小企业信用担保体系十分必要，也是化解信用担保风险的措施之一。

建立财政补偿机制，地方政府首先要明确资金的来源和投向、确保还款保障，并最好进行分类管理。统一归口部门管理同级融资平台，并将其纳入财政预算。地方政府首先要先摸清本地债务存量，分清类别结构，划分层次、区别对待，有针对性地研究制定相应的化解措施。要对举债主体进行分类，"谁借谁还"，实行偿还责任追究制，政府不承担兜底责任。因此，政府应科学筹措偿债资金，保障还款来源，按时履行偿债义务，合理选择补偿机制（如建立差额比例补贴制、代偿数量累积补贴制、固定比例补贴制）。政府应该结合以上三种形式的补贴，科学、灵活地运用不同的方式。

9.2 规范金融机构的运作机制

2008 年全球金融危机的爆发，特别是 2011 年以来频繁发生的中小企业资金链断裂现象，使得各类金融机构的风险意识逐渐增强，在发放贷款时越发谨慎，"惜贷"情形频频出现。同时，由于金融机构的贷款利率受中央银行的管制，且金融机构又须对自身的信贷行为承担责任，因此，金融机构只能通过担保、抵押等非利率手段来确保贷出资金的安全性。现阶段中国银行等金融机构对抵押品的要求比较苛刻，除土地、房屋外，很少批准其他资产作为抵押品，而中小企业的固定资产往往较少，导致抵押品不足。因此，金融机构在为中小企业提供贷款服务时就会将担保贷款作为其主打业务，中小企业互助担保融资就成为现阶段信贷融资环境下融资渠道不顺畅的一个必然选择。现行金融机构普遍认为，中小企业间由于交易来往，彼此之间信息较为透明，担保企业为降低自身风险，往往会积极有效地监督借款企业，约束借款企业的行为。因此，一些质量较好、有一定社会信用的中小企业自然成为贷款中小企业所需的和银行等金融机构认可的担保人，这就降低了金融机构的放贷风险，将金融机构可能需要承担的借款企业违约风险转嫁成了担保企业的担保风险。正是由于这种心理所造成的金融机构对借款企业和担保企业的审核不严，导致大量企业过度担保，并在企业出现经营不善、资金周转不灵的情况下，发生大规模违约事件。因此，金融机构必须规范自身信贷程序，尤其是以互助担保形式出现的贷款业务，才能在最大限度上限制违约风险。

9.2.1　严格授权审批制度

在审批流程中，金融机构对于融资平台项目的贷款要更为谨慎，注重项目资质和未来的收益性，并确保金融机构贷款资金的使用是严格按照合同规定的，审慎确定资金支付条件，如项目前期资本金有无到位、运营是否正常、现金流是否充足、贷款担保有无落实等，同时在贷款审核和发放过程中，尽可能要求地方融资平台采取多种担保和抵押措施。金融机构应对贷款对象以及担保对象同样进行严格客观的贷前评审，尽可能对贷款对象的经营状况、负债情况等，以及担保对象的担保水平、是否存在过度担保等情况进行较为全面充分的把握，因为即使借款企业有其他企业为之担保，于金融机构而言也只是可能降低了风险，但并不代表完全摆脱风险。

9.2.2　完善贷后风险控制措施

在实践中，不少借款企业取得金融机构资金后改变资金的使用方向，被大股东挪用侵占或者是投入风险极高的项目，给金融机构的贷款业务带来很大风险。因此，金融机构有必要在贷后对项目进行跟踪监管，加强对贷出资金使用情况的把控。当贷出资金不符合原定的投资方向时，金融机构有权停止剩余贷款的供给或者要求收回贷出资金，以防范贷款投向不明或避免投向转变所产生的风险，要及时退出高风险平台贷款，进行有效的风险缓释手段，如建立专项准备金，将融资平台贷款规模及风险控制在适度范围内。

9.2.3　建立跨行信息流通机制

金融机构应从"硬信息"和"软信息"两方面着手，做好对借款企业及担保企业的相关征信工作，并利用互联网将公检部门的信用信息数据与资信调查和信用评级等中介机构的数据信息相结合，建立跨行信息流通机制。一方面可以有效识别和预警企业间违规跨行相互担保贷款的行为，较为动态地了解企业的可担保额度，最大限度地避免企业过度担保的发生，完善信贷监测预警系统；另一方面当违约风险传染发生时，可以最大限度地防止不同银行因不合作博弈所造成的整体金融系统利益的重大损失，迅速有效地形成对危机企业的统一救助行为，减少银行盲目地抽贷、断贷行为，避免"羊群效应"对风险传染产生进一步的放大作用。

金融作为社会经济发展的基础，实体经济发展需要金融支持。一方面，政府应通过财税政策来提高大型金融机构向中小企业提供融资服务的积极性；另一方面，政府应支持地方金融机构改革，引导民间资本进入金融服务领域，使地下融资变成规范融资。同时，大力发展小型金融机构，建立适合小型企业融资的资本市场，推出适合小型企业需求的融资产品和信贷模式，对实体企业的融资环境进行优化，提高小型金融机构的融资服务水平，并不断进行监管体制改革，让地方政府管理民间金融。

9.3 提升担保机构的业务管理能力

2011 年以来，政府逐渐恢复稳健的货币政策使得单纯依靠贷款融资变得更加困难，与此同时，在实体经济利润不断减少的背景下，诸多企业或个人开始进行资本运作以获取高额利润。对高额利润的追逐使得许多非正规民间金融机构开始进行违规操作，如高息揽储，以转贷牟利为目的套取银行信贷资金再高利放贷等。由于相关规章制度规定的不明确以及机构章程的不健全，许多融资性担保机构也成为其中的一部分。因此，健全担保机构的发展模式，杜绝其违规行为，引导民间资本合理流向实体经济，才能使其真正为解决中小企业融资难的困境贡献力量，约束互助担保中的违约行为，减少民间信贷危机的出现。

9.3.1 优化担保机构的业务管理能力

成立权威有效的评级机构或联合资信调查和信用评级等中介机构，对担保企业进行信用评级，并向社会公开，同时向政府及银行申请，对于信用评级高的担保企业，允许适当增加其信用额放大倍数。由于担保企业的评级水平势必会影响到其与银行、其他中小企业的合作关系，最终影响其业务量及营业额，因此，可以间接提升企业参与征信工作的积极性。

在做好信用评级工作的基础上，担保机构在进行担保业务时，应具体规范业务流程。

1. 选择担保对象

担保机构应根据中小企业的经营情况、资产状况、是否具备良好的发展前景等方面进行审核，通过审核后的中小企业才能得到担保贷款。对于规模较小的尤其是处于成长期的中小企业，由于其风险较大，对这部分的中小企业担保贷款应该以短期担保为主或选择规模相当的中小企业进行集群担保。而对于规模较大且声誉较好的中小企业，在选择担保对象时也需要审慎，以降低担保风险。

2. 审核担保业务

选择担保对象时，应注重对担保业务的审核，确保客观性和公正性。审核担保业务贯穿整个担保业务的过程，尤其是审批人员应对担保项目的审批承担相应责任。当审计人员调离原工作岗位时，应由专门人员对其履行现职情况进行审计，存在问题的，以责任轻重由有关部门依法追究其责任。

3. 跟踪在保项目

当一项担保业务通过了审核，即使当时该受保企业的财务业绩、盈利能力、还款能力、企业信誉等都较好，但随着时间的变化，该受保企业的财务业绩、盈利能力、还款能力、企业信誉等也可能会发生变化。

因此，担保机构应对在保项目进行跟踪，定期（如每月等）将担保业务运作情况向董事会报告，并对受保企业遭遇的风险程度进行评估，以在动态中控制受保企业的风险。

9.3.2 提高机构的契约管理水平

崔晓玲和钟田丽（2010）在《基于价值和费率的信用担保融资契约模型》一文中，通过考虑反担保措施价值和担保费率两个因素构建信用担保契约模型，从理论上证明，通过风险水平不同的中小企业对担保契约的选择，使担保机构能够准确判断企业风险类型，从而使担保契约的确定更加科学合理，在一定程度上降低担保机构的风险水平。因此，可通过提高契约管理水平，如增加反担保、再担保、制定合理的担保费用等措施来防范信用风险的产生。

1. 反担保措施

目前，中小企业信用担保机构主要从事中小企业的借款担保，借款人由于没有银行可以接受的信誉、抵押品、质押品或银行可控制的足够现金流，才需要担保公司进行信用提升。为了防范担保信用风险，可通过设定反担保措施来转移面临的较高风险。

（1）信用保证。由担保委托人的关联企业、合作伙伴承诺提供连带责任的保证。

（2）抵押。不动产抵押成为担保公司首选，而交通工具抵押、产品抵押等在具体条件下也可适当考虑。

（3）质押。对存单、债券、提单、仓单、汇票等有价证券，银行是可以接受其作为一种担保方式放贷的，但是，担保公司不太可能用以上抵押品作为反担保措施，而主要采用质押物，如股权、股票、权益等。

2. 再担保

再担保在发达国家也有一些成功经验。例如，日本中央信用保险公库为地方性信用保证协会的担保再担保，再担保比例一般为 70%~80%；

意大利担保公司每年最主要的再担保业务是与瑞士再担保公司合作开展的，意大利的担保公司每年将已承保项目的75%向再担保公司再担保。

借鉴发达国家再担保的成功经验，中国再担保机构的建立可分为全国性再担保机构和省级再担保机构两个层次。全国性再担保机构的再担保资金主要由中央政府出资和省级再担保机构的入保资金或省级政府按比例投入的财政资金组成，主要任务是解决省级再担保机构的再担保问题。省级再担保机构的担保资金主要由省级政府财政出资和各地（市）担保机构的入保资金或各地（市）政府按规定比例投入的财政资金组成，主要任务是解决省内各地（市）担保机构的再担保问题。再担保机构应按照合理负担的原则处理与各地受保担保机构之间的关系，要以最大限度转移担保风险、保本运行为目标，确保中国信用担保业的可持续发展。

3. 制定合理的担保费用

担保业务收入主要源于担保费收入，担保费率不应该一成不变，在担保项目可行的前提下，担保收费应充分反映担保业务风险程度。根据不同项目，制定不同收费标准。在确定收费标准时，除了要满足担保机构的经营成本外，还应考虑以下因素：（1）市场承受能力以及同行业的利润水平；（2）担保项目的风险程度；（3）市场平均违约率、担保责任金额的大小；（4）项目操作流程的繁简和时间长短。

9.3.3 构建系统风险的共担机制

构建政府、银行和担保机构的风险共担机制是指在担保贷款发生损失时，政府、银行和担保机构按照约定的比例承担损失。若担保贷款出现损失，担保机构并不需要承担全部的责任，而是政府从贷款基金中划拨一部分补偿担保企业，同时银行也必须承担一定的风险。这种模式突破了银行固有的不愿承担中小企业贷款损失风险的状况，避免了担保机构独自承受所有损失，有利于中小企业互助担保融资渠道的建立和发展。

1. 政府提供信用保证

对于政府而言，从财政中拿出部分资金作为担保补偿专项基金，体现了政府对中小企业集群互助担保融资发展的扶持态度，扩大了担保机构的资金来源，并且提高了银行对担保机构的认可程度，有利于中小企业贷款规模的扩大，使更多的企业受益。

2. 银行担负一定风险

对于银行而言，随着市场化经营改革的深入，商业银行经营业务面临国有商业银行和股份制银行的多方挤压，其发展必须做出创新性突破。基于此，银行在风险分担方面做出突破，实现了政银担保的合作共赢，体现了在风险管理中提升自身经营能力的进取意识。

3. 担保机构避免承担全部风险

对于担保机构而言，作为风险共担机制的执行者，在"风险共担、利益共享"的基础上，这种机制不仅有利于其自身信用增级，更好地发挥担保基金效率，而且有效防范和控制了贷款企业的信用风险，促进了担保业务的繁荣和发展。

4. 中小企业拓展了融资渠道

风险共担机制有利于担保费率的降低和利率优惠，使得企业的财务费用也随之降低，打破了中小企业在贷款竞争中相对弱势的困境，在解决中小企业融资难、促进担保体系的健康发展等方面都有着巨大的积极意义。

9.3.4 完善机构的风险准备金制度

1. 建立省级信用担保基金

应将政府引导资金、省级担保平台等各类担保机构设立行业性的风险互助平台及信用担保基金，实现合作担保机构的共同管理、风险共担，以政策资本带动社会资本共同扶持中小企业担保融资，引导商业性担保机构自由资本的集中规范运作，促进担保行业稳定发展。

2. 建立内部风险准备金制度

建立内部风险基金，在提供一定的流动性以弥补损失的同时，避免给财务带来过大冲击，而且也不必向第三方（如保险公司）支付费用，还能带来一定的投资收益。建立内部风险准备金制度，应按担保业务实际情况提取各种风险准备，侯峰（2008）在《我国中小企业信用担保的风险管理研究》中提出，应及时足额提取三种准备金。（1）代位代偿准备金。代位代偿债务规模的大小主要取决于债务规模大小与担保期限长短。在日本，代位代偿准备金＝年末在保债务总额×0.6%＋逾期担保债务总额×10%（日本的内部准备金提取办法和比例值得借鉴和学习）。（2）担保呆账准备金。按照代偿金额的一定比例提取，提取比例依据代偿期限的长短而定。（3）普通准备金。按担保机构一定时期内（通常为一年）实现的净收益的一定比例提取，用于冲抵担保机构未来可能发生的亏损。

9.4　提升集群企业的公司治理能力

中小企业集群互助担保融资若要避免产生违约风险，不能仅仅依靠政府、金融机构等宏观层面的治理，更重要的是中小企业集群微观层面的治理。归根结底，作为集群互助担保融资的主体，中小企业自身才是从根本上降低违约风险产生可能性的关键因素。一方面，当前中国中小企业自身经营效益较差，部分企业为谋求发展所需资金，一味追求担保贷款所带来的融资资金，全然不顾企业财务的承受能力；另一方面，大部分中小企业自身风险管理能力较低，无法构建完整的投融资管理制度和内部监管体系，导致其不能有效管理担保项目的信用风险。这两方面的因素共同影响，造成了一旦企业经营出现问题带来财务风险，极有可能产生互助担保违约风险，最终导致企业破产。因此，要想从集群企业出发防范违约风险，就必须从增强企业自身实力以及健全企业内部管理机制两方面同时入手。不仅可以充分发挥担保的增信作用，实现中小企业集群互助担保融资的可持续运行，而且有利于构筑整个金融风险的防范体系。本章从提升企业自身经营实力、制定担保管理制度和建设内部监管体系等方面探讨治理问题。

9.4.1　增强企业自身经营实力

现行集群中小企业多为家族成员式经营，经营管理理念落后，缺乏科学的经营管理能力，且企业的经营范围多为加工业务，生产粗放，可替代性强，导致中小企业自身经营实力不足，限制了企业的可持续发展。因此，为提升企业的经营实力，可以从产业升级以及经营管理创新两大途径入手。

1. 产业升级

一方面，中小企业发展必须走技术创新路线，将产业向自主研发环节延伸，将技术创新作为企业综合竞争力的核心，大力培养技术创新型人才，或与当地院校合作建立人才储备库，不能只关注技术创新所带来的研发成本，更应该看到其带来的未来潜在收益；另一方面，随着信息化时代的来临，信息技术迅速发展，企业应加强信息化建设，不仅有助于企业更好地把握市场动态，加强与其他企业间的交流往来，还能够更加快速地掌握自身产品生产、制造、营销等最新信息，从而迅速应对经营环节中可能出现的风险和漏洞，最大限度地避免经营失败和经济损失。

2. 经营管理创新

首先，管理层的管理理念应该做到与时俱进，不断更新，正确树立以人为本、卓越管理、精益管理等理念，在必要的情况下引进优秀的管理人才，加强企业经营管理队伍的建设；其次，创新经营管理手段，不能只单纯地依靠惩罚性手段或规章制度，应该结合使用参与式管理、弹性管理等手段，改善企业组织构架，使其向扁平化、无边界、虚拟化发展，建设学习型组织。只有这样才能提升经营管理效率，实现企业经营成本的降低，并不断改善组织弹性，帮助企业更好地适应不断变化的市场竞争环境，实现企业的可持续发展。

9.4.2 制定科学的担保管理制度

制定科学的担保管理制度是完善企业投融资管理制度的第一步，不仅需要对自身的担保能力做出正确评估，还必须对被担保单位情况深入了解，从两方面入手防范违约风险的产生。

1. 对被担保单位的资信评估

对被担保单位的资信评估，如偿债能力、经营能力、风险控制能力、盈利能力等，能了解该担保事项的利益和风险。对被担保单位的资信评估不能仅仅从一个方面了解情况，而应综合对担保风险进行调查、分析、评估、风险规避、转移与承担等。在实践中，多数借款企业在违约之前，通常会表现出这样或那样的不正常现象。如果担保人员能够及时监测受保企业的各种情况变化，就能把握担保风险的各种预警信号，及时采取措施，防患于未然。

2. 确定担保额度

单笔担保额度的确定以对被担保单位的资信评估结果和企业自身的财务承受力为前提。中小企业可以在充分评估自身财务承受力的基础上，拟订一个警戒指标，超过该警戒指标的担保事项的决策应异常谨慎。

3. 担保项目的后续跟踪

对担保项目的后续跟踪有助于中小企业了解其承担的潜在风险，掌握受保企业的动态情况，对受保企业进行综合评价，并及时寻求降低担保风险的途径，对担保项目采取风险防范措施，相关人员应及时提出意见和建议，以尽可能避免或减少可能发生的损失。另外，担保项目审批人员在调离原工作岗位时，由监事会会同政府审计部门对其履职情况进行审计，存在问题的，依责任轻重由有关部门依法依纪追究责任。

9.4.3 不断完善内部监管体系

1. 完善股东诉讼制度

完善股东诉讼制度是健全企业内部监管体系的一个方面，担保事项关系到股东权益和中小企业前途，属于企业的非常规经营行为，应由中小企业全体股东行使决策权。过于分散的股权结构很容易导致权力的失衡，很可能存在一股独大的局面，大股东在一定程度上会对股东会进行操控。股权较集中，才能使每个股东都具有部分管理和控制企业的权利，有效抑制"内部人控制"，减少代理成本，平衡股东和经营者之间的利益关系，充分调动中小股东行使表决权的积极性，使监管主体多元化，真正发挥监督作用。

为确保股东对中小企业控制权的实现，可以采取股东诉讼制度。一方面，允许股东针对大股东、董事以及管理人员损害自身以及企业利益的行为向人民法院提起诉讼，股东诉讼制度有利于股东自身权益的保护，可以最大限度地遏制大股东、董事以及管理层滥用权力，以维护股东自身与中小企业的合法权益。另一方面，股东诉讼制度的实施有利于完善中小企业的内部治理结构。在确立董事会拥有企业治理中的独立经营决策权的前提下，股东诉讼制度可以对董事会的经营管理行为形成有效监督，从而防止董事会滥用权力，实现股东会对中小企业的有效控制。

《中华人民共和国公司法》（以下简称《公司法》）中，股东诉讼制度包括直接诉讼制度和派生诉讼制度。目前，《公司法》中只对股东诉讼的股东范围、持股比例、起诉条件等做了明确规定。然而，中国学者对股东诉讼的费用承担、是否需要担保、诉讼对各方的效力以及诉讼结果的执行等问题还存在争议，建议尽快完善股东诉讼制度，以便有效地发挥股东诉讼制度对董事、管理人员等的监督作用。

2. 加强董事会的独立性

加强董事会独立性是完善企业内部监管体系的另一举措。董事会是担保事项的主要决策机构，但是，一些企业董事会实际上成了少数股东利益的代表，独立董事未能发挥强有力的作用。因此，要加强董事会的独立性，使董事在地位、权力等方面发挥应有的独立性，合理规范董事在中小企业经营运行中要承担的义务，保证其与股东和中小企业的目标一致，避免过度担保，不使股东和中小企业的利益遭受损失。

加强董事会的独立性，需要做好两方面工作。（1）独立董事应具备相应的能力。如果不具备相应能力或能力欠缺，则独立董事的作用将被弱化，不能有效代表全体股东的利益，也不能有效维护企业的利益。而对于董事人员，应采取激励措施，如股权激励增加其持股比例或确定合理的薪酬，降低股东与董事之间的代理成本，合理规范董事在中小企业经营运行中要承担的义务，保证其与股东和中小企业的目标一致，尤其是对担保事项的决策，应避免过度担保，不使股东和中小企业的利益遭受损失。（2）建立独立董事的意见披露制度。中小企业应将独立董事的意见尤其是关于担保事项的意见予以公告。如果中小企业的独立董事在关于担保事项的决策上出现分歧且无法达成一致意见时，董事会应该将各独立董事的意见分别披露并予以公告。

3. 强化监事会的监督作用

独立董事不能成为监事会的替代，监事会的监督贯穿企业经营活动的全过程，是维护中小企业利益的重要的日常监察组织。因此，要强化监事会的监督作用，这也是内部治理的关键。

如何强化监事会的监督作用，主要包括两方面。（1）选择具备监事素质的优秀人才。一些企业的现有监事会成员普遍不能适应监事职责的要求，缺乏履行监事会职责的应有能力。因此，要通过规范程序选聘具备监事素质的优秀人才担任监事职务，辞退不符合条件的现有监事人员，同时，还要定期对现任监事人员进行技能培训，使监事人员成为企业内部治理的专业人士。（2）监事会要加强对担保事项的监督。为规避监管，许多企业一直将披露的对外担保额控制在规定范围内，对关联担保更是刻意隐瞒，往往是在事态无法控制时才在公告中披露出来。因此，监事会应重视对担保事项的监督，促使其及时、准确、完整地披露担保事项，使相关人员能够得到及时而有效的信息。

9.5 本章小结

中小企业集群互助担保融资的违约治理主要包括政府部门、金融机构、担保机构以及集群企业四个层面。首先，政府部门需加强政策引导：（1）强化民间资本发展的引导机制；（2）加大对担保机构的监管力度；（3）构建企业信息共享平台；（4）建立互助担保风险补偿机制。其次，规范金融机构的运作机制：（1）严格授权审批制度；（2）完善贷后风险控制措施；（3）建立跨行信息流通机制。再其次，提升担保机构的业务管理能力：（1）优化担保机构的业务流程；（2）提高机构的契约管理水平；（3）构建系统风险的共担机制；（4）完善机构的风险准备金制度。最后，提高集群企业的公司治理能力：（1）增强企业自身经营实力；（2）制定科学的担保管理制度；（3）不断完善内部监管体系。

中小企业集群互助担保融资的违约治理需要政府、金融机构、担保结构以及集群企业等多个方面的密切配合才能实现，缺一不可。只有形成统一体系，才能最终实现中小企业集群互助担保融资的可持续发展。

第 10 章
结论及展望

10.1 研究结论

10.1.1 主要内容和观点

本书采用新制度经济学和管理学相关理论来论证中小企业集群互助担保融资的诱因及违约治理机理，并采用因素替代法研究危机传导路径。按照理论论证提出假设—大样本检验（来自中小企业管理局、工商局以及行业商会的统计数据）—通过典型调查获得的数据指标调整再检验（小样本测试）—实证结果与分析—实证结论的逻辑关系，构建切合实际的检验模型，并合理选择指标和变量，采用分类样本数据进行实证检验，运用不同地区典型案例调查所得的数据进行稳健性测试，规范与实证相结合验证了本书结论的客观可靠。

1. 中小企业集群互助担保融资有理论基础与实践环境

通过文献梳理发现，社会资本理论、信息不对称理论、交易成本理论和风险传染理论分别能够论证中小企业集群互助担保融资的必然性、合理性、固有的信用风险以及可能发生危机的"多米诺骨牌效应"。通过与企业高管、民间金融机构的访谈，问卷调查，发现社会资本的存在是中小企业集群互助担保融资产生的诱因，而正规金融机构的融资约束加剧了互助担保的繁荣；过度担保增大了金融市场的信用风险，担保链中固有的风险传染性造成了中小企业集群互助担保融资信用危机的"多米诺骨牌效应"；根治中小企业集群互助担保融资违约危机应从集群微观层面和制度环境层面双向入手。

2. 中小企业集群互助担保融资方式的存在有其合理性

通过大量的典型案例分析发现，一是横向型互助担保有存在的合理性。企业之间由于生产周期相近，因而资金需求也会趋向同步，更适于结成互助担保关系，从而便于内部企业获取融资。同时由于行业相同或相近，彼此之间更容易相互了解，可以有效避免信息不对称带来的信用风险。二是纵向型互助担保有其存在的优势。处于同一产业的上中下游的企业，具有比较明显的供需关系，资金需求上一定会存在周期性差异，利用人缘、地缘优势开展互助性融资业务，组成合作性的融资机构，如信用合作社或资金互助社等，比较容易解决产业集群内的资金需求。

3. 中小企业集群互助担保融资可能产生的经济后果

通过典型案例分析发现，中小企业集群互助担保融资具有积极和消极的两面性：一方面，由于集群内企业之间密切的利益关系以及血缘关系，个别企业在经营效益下降，甚至出现财务危机的情况下，通过互助担保依然能够获得资金；另一方面，集群内企业间互助担保关系还会起到传播和扩散金融风险的效应，中小企业集群社会资本虽然随着社会网络的构建可以快速形成，但也会因为企业的违规行为而迅速被削减甚至摧毁。单个企业出现信誉或财务危机，可能会产生"多米诺骨牌"似的连锁反应，导致区域金融风险的爆发，对金融体系带来严重的经济后果。

4. 中小企业集群互助担保融资效率与环境具有高度相关性

中小企业集群互助担保融资现状揭示：中小企业参与互助担保融资的担保频率高、担保金额大、盈利能力相对较差；过度担保现象较为严重，很多中小企业的净资产担保率达到 100% 以上，甚至超过 200%。实证研究表明：中小企业互助担保行为之间的相互影响包括传播效应（正向影响）和抑制效应（负向影响）两个方面，不同行业的中小企业的互助担保行为不具有可比性；股权集中度越高越有利于缓解企业的融资约束，企业规模越大越易加剧其融资约束，资产担保价值越高企业越易加剧其融资约束；股权集中度、高管持股比例、董事持股比例与过度担保呈显著负相关。

5. 中小企业集群互助担保融资违约治理需多向发力

一是政府部门加强政策引导，分别从强化民间资本发展的引导机制、加大对担保机构的监管力度、构建企业信息共享平台、建立互助担保风险补偿机制等方面加大力度。二是规范金融机构的运作机制。分别从严格授权审批制度、完善贷后风险控制措施、建立跨行信息流通机制等方面加强指导。三是提升担保机构的业务管理能力。分别从优化担保机构的业务流程、提高机构的契约管理水平、构建系统风险的共担机制、完善机构的风险准备金制度等方面加强管理。四是提高集群企业的公司治理能力。分别从增强企业自身经营实力、制定科学的担保管理制度、不断完善内部监管体系等方面进行提升。

10. 1. 2　学术价值与应用价值

1. 学术价值

本书研究互助担保融资风险困扰中小企业可持续发展的特有现象，对中小企业集群互助担保融资的诱因、过度担保导致的违约危机及其治理的机理进行规范与实证研究，深化了中国特色的财务与金融体系的学术研究。

2. 应用价值

本书围绕互助担保融资为什么长期存在，如何防范过度担保导致的违约危机，如何从制度环境与企业微观层面对互助担保融资的违约风险进行治理，为政府主管部门制定政策提供科学系统的理论指导。

10.2　研究展望

本书研究的关键是中小企业集群互助担保融资的数据，但是由于获取资料渠道的有限性，本书的研究结论仅在对中小企业集群和互助担保融资范围的定义下成立，主要从中间层面和广义层面的互助担保融资数据进行实证分析。因此，对中小企业集群互助担保融资的研究仍需进一步改进和完善。

第一，首次引用空间计量经济学模型研究中小企业集群互助担保融资行为的相互作用，并进行了估计和计算，然而，本书对空间计量学与中小企业集群互助担保融资行为之间的理论联系缺乏分析。随着空间计量分析方法的多样化，可以进一步增加基于空间计量模型研究中小企业集群互助担保融资的严密性。

第二，构建更适合中国中小企业集群融资约束的测度指标。中小集群互助担保加剧了企业的融资危机是本书的主要结论，但是，在不同融资模式下，集群互助担保率与企业融资约束的关系并不完全确定。中小企业集群互助担保率与企业融资约束的关系很有可能会因为集群互助担保公司、集群内企业间轮流信用融资以及集群互助担保协会等不同集群互助担保融资模式而不同。因此，集群互助担保率与企业融资约束的关系应进一步细分样本进行实证检验。

第三，本书主要从股权结构的角度，选取影响中小企业集群融资过度担保诱因的相关因素并做实证研究，而对一些特别的因素，如政府、银行等未做相关实证分析，在研究上可能存在片面性，因此后续研究需要构建完整的研究模型，从而更准确、更专业地阐述中小企业集群融资过度担保的诱因。

第四，构建风险传染模型时相应指标需进一步深化。由于中小企业集群互助担保融资违约风险的传染是一个相对动态变化的过程，可能在选取指标时难以做到全面兼顾，且系统仿真时参数的赋值是以过去发生的案例为基准。故在今后的研究中应对相关指标参数进一步深化，使其能与中小企业的财务情况、经营水平等实际数据链接，以便后续研究更专业、更严密地探究中小企业集群互助担保融资违约风险的传染机制。

附录1 调查问卷——行业协会

浙江省中小企业集群民间融资情况问卷调查

浙江省各行业协会：

为全面了解我省中小企业集群民间融资状况，更好地为企业提供融资服务，并为各地政府、各大银行开展相关业务的政策和方案提供事实依据，特针对浙江省特色产业集群的融资情况进行本次问卷调查。请您根据本地区的实际情况如实填写。

本次调查是一项涉及面广、专业性强的融资调研活动，相关数据将对政府的经济决策以及各大银行制定的信贷业务导向具有相当的参考价值。殷切期待相关领导能在百忙之中抽空填写或指派专人负责完成，最终结果只以统计数据的形式表现和研究之用，不做任何其他用途。我们将严格履行保密义务。

感谢您百忙之中的填写和对本次融资调研的支持与配合！

第一部分：中小企业集群民间融资现状

1. 贵单位所属市（县）：＿＿＿＿＿＿＿＿

2. 贵单位指导的产业集群名称：＿＿＿＿＿＿＿＿＿＿

3. 贵单位指导产业集群内中小企业企业数量：＿＿＿＿＿＿＿＿

4. 贵单位指导产业集群内采用较多的融资方式为（　　）。（可多选，按使用频率排序）

中小企业集群互助担保融资及违约治理研究

A. 国有银行贷款　　　　　　　B. 集群内企业相互借款

C. 互助担保贷款　　　　　　　D. 通过小额贷款公司贷款

E. 地方民营银行贷款　　　　　F. 融资租赁

G. 通过集群基金会融资　　　　H. 典当行

I. 其他（请注明）_____

5. 贵单位指导产业集群内无法采用上述融资方式的原因为（　　　）。（可多选，按重要度排序）

A. 资金供需双方沟通不畅　　　B. 企业经营状况不佳

C. 企业自身管理水平较低　　　D. 缺少中介服务的有力支持

E. 贷款手续复杂、审批时间长，难以满足自身生产经营需求

F. 贷款利率高　　　　　　　　G. 无有效资产抵押

H. 缺乏金融机构要求的抵、质押资产

I. 信用评级无法达到金融机构要求　J. 贷款方存在歧视

K. 金融机构评估能力差　　　　L. 缺乏政策或政策不配套

6. 您认为目前限制集群内融资渠道发展的原因主要有（　　　）。（可多选，按重要度排序）

A. 企业信用档案不完善或不真实

B. 抵押担保等中介机构发展不成熟

C. 中小企业自身发展水平限制　D. 社会担保体系限制

E. 法律制度不完善　　　　　　F. 政府支持力度有限

G. 金融专业人才缺乏　　　　　H. 信用评级等体系不完善

7. 您认为贵单位对于集群内中小企业民间融资能起到的作用有（　　　）。（多选，按重要度排序）

A. 根据国家政策对其进行适当引导

B. 帮助发展民间融资机构

C. 对融资过程进行监督，确保融资规范发展

D. 对中小企业及金融机构进行融资技术支持，帮助其选择高效融资

方式并适当规避风险

E. 其他（请注明）_____

8. 您认为应如何规范民间融资？（   ）（多选）

A. 政府要规范民间融资，使其阳光化、合法化

B. 充分发挥网络借贷平台的作用，打造民间金融的监测体系，信息技术和法律技术相结合，建立规范化、标准化、流程化的民间借贷登记平台

C. 集合民间资金，建立更多真正的民间合作金融组织，放开金融市场、降低准入门槛、推进利率市场化，实现金融创新

D. 用社会管理创新的思路来探讨成立民间借贷协会之类的行业协会自我规范的管理路径

E. 对民间金融机构设定高效的进入及退出机制，对民间金融组织进行实时监管，对于资质不符的机构进行强制退出

F. 其他（请注明）_____

9. 您认为贵组织还应该采取什么措施帮助中小企业进行高效的民间融资？（   ）（多选）

A. 为其提供人才支持

B. 规范行业市场，减少集群内企业不良竞争，提高企业抗风险能力

C. 合理调配集群内资源，提高集群内资金利用效率

D. 协助政府职能部门制定有效的金融机构准入条件，并对其进行实时监督，确保民间融资的合法运行

E. 其他（请注明）_____

10. 您对目前产业集群内现有融资方式有何改进建议？

_____

_____

_____

中小企业集群互助担保融资及违约治理研究

第二部分：中小企业民间融资风险评价指标权重及评价等级

附表 1-1　　　　　　　中小企业民间融资风险评价指标

目标层	一级指标 （准则层）	二级指标 （子准则层）
中小企业民间 融资综合风险 （A）	政策法律因素 （B_1）	民间资本引导政策（C_{11}）
		民间金融机构政策（C_{12}）
		民间资本及金融机构法律定位（C_{13}）
		金融政策（C_{14}）
	宏观经济因素 （B_2）	区域民间资本存量（C_{21}）
		民间资本使用成本（C_{22}）
		行业内竞争情况（C_{23}）
	企业信用 （B_3）	企业形象（C_{31}）
		抵押担保（C_{32}）
		企业产品或服务质量（C_{33}）
		贷款到期清偿率（C_{34}）
	企业财务状况 （B_4）	偿债能力（C_{41}）
		营运能力（C_{42}）
		盈利能力（C_{43}）
	企业经营管理 （B_5）	企业规模（C_{51}）
		经营项目多样性（C_{52}）
		管理层素质（C_{53}）
		内部控制与管理（C_{54}）

1. 评价指标权重

附表 1-2　　　中小企业民间融资风险评价指标重要性标度含义

重要性标度	含义
1	表示两个元素相比，具有同等重要性
3	表示两个元素相比，前者比后者稍重要
5	表示两个元素相比，前者比后者明显重要
7	表示两个元素相比，前者比后者强烈重要
9	表示两个元素相比，前者比后者极端重要
2，4，6，8	表示上述判断的中间值
倒数	若元素 I 与元素 J 的重要性之比为 a，则元素 J 与元素 I 的重要性之比为 1/a

对一级指标进行两两对比，并进行重要性标度。

B_1 与 B_2：_____；B_1 与 B_3：_____；B_1 与 B_4：_____；B_1 与 B_5：_____；

B_2 与 B_3：_____；B_2 与 B_4：_____；B_2 与 B_5：_____；

B_3 与 B_4：_____；B_3 与 B_5：_____；

B_4 与 B_5：_____。

对一级指标进行两两对比，并进行重要性标度。

B_1 下设指标：

C_{11} 与 C_{12}：_____；C_{11} 与 C_{13}：_____；C_{11} 与 C_{14}：_____；

C_{12} 与 C_{13}：_____；C_{12} 与 C_{14}：_____；

C_{13} 与 C_{14}：_____。

B_2 下设指标：

C_{21} 与 C_{22}：_____；C_{21} 与 C_{23}：_____；

C_{22} 与 C_{23}：_____。

B_3 下设指标：

C_{31} 与 C_{32}：_____；C_{31} 与 C_{33}：_____；C_{31} 与 C_{34}：_____；

C_{32} 与 C_{33}：_____；C_{32} 与 C_{34}：_____；

C_{33} 与 C_{34}：_____。

B_4 下设指标：

C_{41} 与 C_{42}：_____；C_{41} 与 C_{43}：_____；

C_{42} 与 C_{43}：_____。

B_5 下设指标：

C_{51} 与 C_{52}：_____；C_{51} 与 C_{53}：_____；C_{51} 与 C_{54}：_____；

C_{52} 与 C_{53}：_____；C_{52} 与 C_{54}：_____；

C_{53} 与 C_{54}：_____。

2. 评价等级确定

将风险分为很低、较低、一般、较高、很高五个等级，对各二级指标进行风险评价，评估各指标出现各风险的概率，每个二级指标在所有

中小企业集群互助担保融资及违约治理研究

风险等级的概率和应为 1。例如：C_{11} 导致融资出现很低风险的概率为 0.7，出现较低风险的概率为 0.1，一般风险的概率为 0.2，较高与很高风险出现的概率均为 0，则 C_{11} 各级风险出现的概率总和为 1。

附表 1 - 3　　　　　中小企业民间融资风险评价等级

目标层	一级指标	二级指标（子准则层）	评价等级				
			很低	较低	一般	较高	很高
中小企业民间融资综合风险（A）	政策法律因素（B_1）	民间资本引导政策（C_{11}）					
		民间金融机构政策（C_{12}）					
		民间资本及金融机构法律定位（C_{13}）					
		金融政策（C_{14}）					
	宏观经济因素（B_2）	区域民间资本存量（C_{21}）					
		民间资本使用成本（C_{22}）					
		行业内竞争情况（C_{23}）					
	企业信用（B_3）	企业形象（C_{31}）					
		抵押担保（C_{32}）					
		企业产品或服务质量（C_{33}）					
		贷款到期清偿率（C_{34}）					
	企业财务状况（B_4）	偿债能力（C_{41}）					
		营运能力（C_{42}）					
		盈利能力（C_{43}）					
	企业经营管理（B_5）	企业规模（C_{51}）					
		经营项目多样性（C_{52}）					
		管理层素质（C_{53}）					
		内部控制与管理（C_{54}）					

附录 2 调查问卷——中小企业担保机构

中小企业担保机构调查问卷

本次问卷调查旨在了解和掌握浙江省中小企业的融资情况以及在融资中面临的主要困难，为做好中小企业的金融服务工作提供依据和参考。

本问卷共分四个部分，期待贵机构相关领导能在百忙之中抽空填写或指派专人负责完成。我们将严格履行保密义务，最终结果只供研究之用，不做任何其他用途。谢谢！

第一部分：机构的基本情况

1. 贵机构名称：_____
2. 贵机构已经建立多长时间？（   ）
   A. 5 年以下   B. 5～10 年
   C. 10～20 年   D. 20 年以上
3. 贵机构的级别为（   ）。
   A. 省级担保机构   B. （地）市级担保机构
   C. （市）县级担保机构   D. 其他（请注明）_____
4. 贵机构组织形式为（   ）。
   A. 公司法人   B. 事业法人   C. 社团法人
5. 互助担保机构的模式为（   ）。
   A. 协会式互助担保   B. 联户担保   C. 基金式互助担保

6. 贵机构注册资金为＿＿＿＿＿＿＿万元。

7. 贵机构注册资金来源及金额：

政府财政＿＿＿＿万元　　　事业单位＿＿＿＿＿万元

中小企业＿＿＿＿万元　　　大型企业＿＿＿＿＿万元

地方金融贵机构＿＿＿＿＿万元

其他（请注明）＿＿＿＿＿＿＿＿＿＿＿＿＿＿＿＿＿

8. 贵机构在职人员中，有相关专业从业经历＿＿＿＿＿人，其他

＿＿＿＿＿＿人

9. 贵机构法定代表人来自（　　）。

A. 政府部门　　　B. 国有企业　　　C. 民营企业　　　D. 海外企业

E. 银行　　　　　F. 其他（请注明）＿＿＿＿

第二部分：机构的经营状况

（除注明为多选外，其余均为单选）

1. 贵机构的主营业务为（　　）。

A. 专门从事信用担保业务

B. 兼营信用担保业务和再担保业务

2. 担保机构的担保费用如何计算？（　　）

A. 按照贷款金额的一定比例进行计算，收费标准为＿＿＿＿％

B. 其他方法（具体说明）＿＿＿＿＿＿＿＿＿＿＿＿＿＿＿

3. 由贵机构担保的银行贷款利率为（　　）。

A. 银行贷款的基准利率

B. 低于银行贷款基准利率（请注明低多少）＿＿＿＿＿＿＿

C. 高于银行贷款基准利率（请注明高多少）＿＿＿＿＿＿＿

4. 担保机构的收益与所承担风险是否一致？（　　）

A. 是　　B. 否

5. 贵机构与银行承担的风险比例为（　　　）。

A. 5：5　　　B. 4：6　　　C. 3：7　　　D. 2：8　　　E. 1：9

F. 银行不分担　　　　　G. 其他（请注明）＿＿＿＿＿＿＿＿＿

6. 贵机构认为目前自身的担保资金放大倍数（　　　）。

A.　偏高　　　　　　　B. 适中　　　　　　　C. 偏低

7. 若您认为偏低，其最主要原因是（　　　）。（多选）

A. 担保机构市场开拓能力限制，担保业务量偏少

B. 合作银行协议放大倍数限制

C. 担保机构自身风险管理能力限制，不敢多做业务

D. 其他（请注明）＿＿＿＿＿＿＿＿＿＿＿＿＿＿＿＿

8. 地方财政是否定期对贵机构进行资金补偿？（　　　）

A. 定期补偿　　　　　B. 不定期补偿　　　　C. 没有资金补偿

9. 若有资金补偿，具体方式是（　　　）。（多选）

A. 后续注资　　　　　　　　B. 坏账补贴

C. 担保规模较大时的奖励　　D. 税收优惠

E. 其他（请注明）＿＿＿＿＿＿＿＿＿＿＿＿＿

10. 贵机构的主要合作银行有哪些？（　　　）（多选，按合作业务量大小排列）

A. 工商银行　　　　　B. 农业银行　　　　　C. 中国银行

D. 建设银行　　　　　E. 交通银行　　　　　F. 中信银行

G. 招商银行　　　　　H. 光大银行　　　　　I. 兴业银行

J. 上海浦东发展银行　K. 广东发展银行　　　L. 本市商业银行

M. 农村商业银行　　　N. 农业发展银行　　　O. 国家开发银行

P. 其他（请注明）＿＿＿＿＿＿＿＿＿＿＿＿

11. 担保机构取得合作银行信任的因素是（　　　）。（多选，按重要程度排列）

A. 贵机构信誉　　　　　　　B. 贵机构经营管理水平

C. 贵机构存入银行保证金的数额　　　D. 贵机构与银行的关系

E. 贵机构注册资本　　　　　　　　　F. 贵机构的效益

G. 其他（请注明）＿＿＿＿＿＿＿＿＿＿

12. 担保机构取得收益的途径有（　　）。（多选）

A. 担保费用收入　　　　　B. 政府扶持　　　　　　C. 利息收入

D. 会费收入　　　　　　　E. 捐赠

F. 其他（请注明）＿＿＿＿＿＿＿＿＿＿

13. 担保机构的闲置资金通过哪些渠道取得收益？（　　）（多选）

A. 银行活期存款　　　　　B. 银行定期存款　　　　C. 购买国债券

D. 购买企业或公司债券　　E. 投资股票　　　　　　F. 投资基金

G. 其他（请注明）＿＿＿＿＿＿＿＿＿＿＿＿＿

第三部分：机构对企业担保的情况

（除注明为多选外，其余均为单选）

1. 贵机构根据企业投入资金担保贷款的放大倍数是（　　）。

A. 3 倍　　　　　B. 4 倍　　　　　C. 5 倍　　　　　D. 6 倍

E. 7 倍　　　　　F. 8 倍　　　　　G. 8 倍以上

2. 贵机构为企业担保贷款的期限有（　　）。（多选）

A. 3 个月以内　　　B. 3～6 个月　　　C. 6 个月至 1 年

D. 1～3 年　　　　 E. 3～5 年　　　　F. 5 年以上

3. 2010～2012 年，贵机构向中小企业提供担保的总额、数量、笔数
分别为：

A. 2010 年总额＿＿＿＿＿＿＿万元，共＿＿＿＿＿＿＿家，
＿＿＿＿＿＿笔；

B. 2011 年总额＿＿＿＿＿＿＿万元，共＿＿＿＿＿＿＿家，
＿＿＿＿＿＿笔；

  C. 2012 年总额 _____ 万元，共 _____ 家，

_____笔。

  4. 贵机构与受保企业是如何发生业务联系的？（ ）（多选）

  A. 受保企业自己主动找到担保机构

  B. 受保企业是担保机构投资者的关联企业

  C. 朋友介绍或私人关系

  D. 协作银行介绍

  E. 政府部门牵线

  F. 其他方式（请注明）_____

  5. 对申请担保的企业进行资格审查时，贵机构考虑的因素为（ ）。
（可多选，按考虑的重要程度进行排列）

  A. 产品市场前景   B. 产品技术含量

  C. 企业管理水平   D. 企业规模

  E. 企业性质   F. 企业的盈利水平

  G. 被担保企业上下游客户的访问

  H. 被担保企业历史信用考察 I. 法人代表及管理层信用状况

  J. 其他（请注明）_____

  6. 贵机构对申请担保的企业进行资格审查时发现的问题为（ ）。
（多选，按问题严重程度排列）

  A. 财务报表不真实

  B. 被审查企业缺乏信用记录

  C. 被审查企业财产登记、评估和证明体系不完整

  D. 其他（请注明）_____

  7. 贵机构要求被担保企业提供的反担保的形式有哪些？（ ）（多选）

  A. 企业法人代表及主要管理人员个人担保

  B. 质押   C. 保证金   D. 抵押

  E. 其他（请注明）_____

8. 截至 2012 年底，贵机构累计代偿的企业个数共_____家，累计代偿笔数共_____笔，累计代偿总额共_____万元。

9. 贵机构代偿的主要原因有（   ）。（多选）

A. 被担保企业偿债资金无法如期到账

B. 被担保企业发生亏损

C. 被担保企业破产

D. 被担保企业逃避债务

E. 被担保企业变相逃避债务

F. 被担保企业披露虚假财务信息

G. 贷款银行疏于贷款使用等方面的监督

I. 其他（请注明）_____

第四部分：机构遇到担保风险的情况

（除注明为多选外，其余均为单选）

1. 贵机构经营发展所面临的重要问题有哪些，请在括号内按主要顺序列出。（   ）

A. 出资规模较小 　　　　　　　　B. 资金补偿机制不健全

C. 风险管理成本过高 　　　　　　D. 政府干预过多

E. 内部治理结构不健全 　　　　　F. 信用担保专业人员短缺

G. 其他

2. 您认为目前互助担保存在哪些风险？（   ）（可多选）

A. 经济实力薄弱，收益风险不对称 　B. 稳定性有限

C. 激励机制缺失 　　　　　　　　D. 诚信环境尚待完善

E. 外部保障制度落实情况欠佳 　　F. 其他（请注明）_____

3. 贵机构所采取的担保风险分担机制主要为（   ）。（多选，按重要程度进行排列）

A. 反担保

B. 再担保

C. 与其他担保公司联合担保

D. 银行分担

E. 政府分担

F. 债转股

G. 其他（请注明）_____

4. 您认为应该如何降低高风险企业取得贷款的比例？（   ）（可多选）

A. 完善信用评价体系

B. 优化法制环境

C. 加强监管力度

D. 加大对违约企业的惩罚力度

E. 其他（请注明）_____

5. 贵机构有什么措施来防止被担保企业的违约行为？（   ）（多选）

A. 成员企业之间的相互监督

B. 担保机构跟踪核实所贷款项的使用情况

C. 计提风险损失准备金

D. 让被担保企业进行反担保

E. 明确还款时间，多数成员企业当场作见证

F. 其他（请注明）_____

6. 您认为应该如何加强担保机构的内部风险控制能力？（   ）（多选）

A. 完善内部组织结构

B. 采取反担保措施

C. 完善互助担保相关法律法规

D. 完善风险准备金制度

E. 审保分离、风险独控

F. 实行内部审核制度

G. 建立担保项目的风险预警系统

H. 建立担保业务跟踪报告制度

7. 您认为应如何优化互助担保这个组织机构？（   ）

A. 增强组织的稳定性

B. 完善激励机制

C. 优化互助担保体系，落实优惠政策

D. 优化信用环境

E. 提高中小企业的综合实力

F. 其他（请注明）_____

8. 对于互助担保机构采用的风险分担比例是：政府分担比例为
_____，本机构分担比例为_____，银行分担比例为_____，各
出资企业分担比例为_____。

9. 若贵机构计提风险损失准备金，则计算方法如何？（具体说明）

_____

_____

_____

附录 3 调查问卷——中小企业局

浙江省中小企业集群民间融资情况问卷调查

浙江省中小企业局：

　　为全面了解我省中小企业集群民间融资状况，更好地为企业提供融资服务，并为各地政府、各大银行开展相关业务的政策和方案提供事实依据，特针对浙江省特色产业集群的融资情况进行本次问卷调查。请贵局根据本地区的实际情况如实填写。

　　本次调查是一项涉及面广、专业性强的融资调研活动，相关数据将对政府的经济决策以及各大银行制定的信贷业务导向具有相当的参考价值。殷切期待相关领导能在百忙之中抽空填写或指派专人负责完成，最终结果只以统计数据的形式表现和研究之用，不做任何其他用途。我们将严格履行保密义务。

　　感谢贵局百忙之中的填写和对本次融资调研的支持与配合！

第一部分：民间融资相关数据

　　1. 浙江省 2012 年农户和私营个体经济贷款总额为：＿＿＿＿＿＿；创造的 GDP 总额为：＿＿＿＿＿＿。

　　2. 目前，浙江省从事民间融资的组织、机构数量为：＿＿＿＿＿，民间融资额约为：＿＿＿＿＿＿。

第二部分：中小企业民间融资监管及引导

1. 您认为贵单位对于中小企业民间融资能起到的作用有（　　　）。（多选，按重要度排序）

A. 根据国家政策对其进行适当引导

B. 帮助发展民间融资机构

C. 对融资过程进行监督，确保融资规范发展

D. 对中小企业及金融机构进行融资技术支持，帮助其选择高效融资方式并适当规避风险

E. 其他（请注明）＿＿＿＿＿＿＿＿＿＿＿＿＿＿＿＿＿＿＿＿＿＿

2. 您认为目前较适合中小企业进行民间融资的途径有（　　　）。（多选）

A. 向信用担保机构贷款　　　　B. 向小额贷款公司贷款

C. 向租赁机构融资　　　　　　D. 向亲朋借款

E. 内部员工集资　　　　　　　F. 向其他公司借款

G. 其他（请注明）＿＿＿＿＿＿＿＿＿

3. 您认为目前中小企业融资困难的主要原因有（　　　）。（多选）

A. 企业财务状况欠佳　　　　　B. 企业经营状况欠佳

C. 企业信用等级低　　　　　　D. 企业规模小

E. 贷款项目风险大　　　　　　F. 不太符合国家产业政策导向

G. 资金供需双方沟通不畅　　　H. 缺少中介服务的有力支持

I. 贷款手续复杂、审批时间长，难以满足自身生产经营需求

J. 贷款利率高　　　　　　　　K. 无有效资产抵押

L. 信用评级无法达到金融机构要求

M. 贷款方存在歧视　　　　　　N. 金融机构评估能力差

O. 缺乏政策或政策不配套

P. 其他（请具体说明）＿＿＿＿＿＿＿＿＿＿＿＿＿＿＿＿

4. 您认为应如何规范民间融资？（　　　）（多选）

A. 政府要规范民间融资，使其阳光化、合法化

B. 充分发挥网络借贷平台的作用，打造民间金融的监测体系，信息技术和法律技术相结合，建立规范化、标准化、流程化的民间借贷登记平台

C. 集合民间资金，建立更多真正的民间合作金融组织，放开金融市场、降低准入门槛、推进利率市场化的方式，实现金融创新

D. 用社会管理创新的思路来探讨成立民间借贷协会之类的行业协会自我规范的管理路径

E. 对民间金融机构设定高效的进入及退出机制，对民间金融组织进行实时监管，对于资质不符的机构进行强制退出

F. 其他（请注明）_____

5. 您认为应如何提高民间融资效率？（　　　）（多选）

A. 提高互联网平台自助融资的广泛效率

B. 提高中小企业信用担保制度保障效率

C. 提高国内资本市场规范度和运行效率

D. 提高民间融资渠道和形式的补充效率

E. 提高中小企业板和创业板的支撑效率

F. 其他（请注明）_____

6. 您认为政府应该采取什么措施帮助中小企业进行民间融资？（　　　）（多选）

A. 构建完善的法律保障体系

B. 拓宽融资渠道，降低贷款要求

C. 鼓励中小企业投靠优势企业

D. 加大产业政策倾斜

E. 降低行业进入门槛

F. 减低税费（包括提高出口退税率）

G. 加大财政补贴力度

H. 降低贷款利率水平

I. 加强公共技术及信息平台建设

J. 营造公平竞争的商业环境

K. 提供咨询服务，为中小企业提供各方面信息，提高中小企业经营管理能力

L. 其他（请注明）_____

第三部分：中小企业民间融资风险评价指标权重及评价等级

附表 3 - 1 　　　　　　中小企业民间融资风险评价指标

目标层	一级指标（准则层）	二级指标（子准则层）
中小企业民间融资综合风险（A）	政策法律因素（B_1）	民间资本引导政策（C_{11}）
		民间金融机构政策（C_{12}）
		民间资本及金融机构法律定位（C_{13}）
		金融政策（C_{14}）
	宏观经济因素（B_2）	区域民间资本存量（C_{21}）
		民间资本使用成本（C_{22}）
		行业内竞争情况（C_{23}）
	企业信用（B_3）	企业形象（C_{31}）
		抵押担保（C_{32}）
		企业产品或服务质量（C_{33}）
		贷款到期清偿率（C_{34}）
	企业财务状况（B_4）	偿债能力（C_{41}）
		营运能力（C_{42}）
		盈利能力（C_{43}）
	企业经营管理（B_5）	企业规模（C_{51}）
		经营项目多样性（C_{52}）
		管理层素质（C_{53}）
		内部控制与管理（C_{54}）

1. 评价指标权重

附表 3 - 2 　　　　　　中小企业民间融资风险评价指标重要性标度含义

重要性标度	含义
1	表示两个元素相比，具有同等重要性
3	表示两个元素相比，前者比后者稍重要
5	表示两个元素相比，前者比后者明显重要
7	表示两个元素相比，前者比后者强烈重要
9	表示两个元素相比，前者比后者极端重要
2, 4, 6, 8	表示上述判断的中间值
倒数	若元素 I 与元素 J 的重要性之比为 a，则元素 J 与元素 I 的重要性之比为 1/a

对一级指标进行两两对比，并进行重要性标度。

B_1 与 B_2：_____；B_1 与 B_3：_____；B_1 与 B_4：_____；B_1 与 B_5：_____；

B_2 与 B_3：_____；B_2 与 B_4：_____；B_2 与 B_5：_____；

B_3 与 B_4：_____；B_3 与 B_5：_____；

B_4 与 B_5：_____。

对一级指标进行两两对比，并进行重要性标度。

B_1 下设指标：

C_{11} 与 C_{12}：_____；C_{11} 与 C_{13}：_____；C_{11} 与 C_{14}：_____；

C_{12} 与 C_{13}：_____；C_{12} 与 C_{14}：_____；

C_{13} 与 C_{14}：_____。

B_2 下设指标：

C_{21} 与 C_{22}：_____；C_{21} 与 C_{23}：_____；

C_{22} 与 C_{23}：_____。

B_3 下设指标：

C_{31} 与 C_{32}：_____；C_{31} 与 C_{33}：_____；C_{31} 与 C_{34}：_____；

C_{32} 与 C_{33}：_____；C_{32} 与 C_{34}：_____；

C_{33} 与 C_{34}：_____。

B_4 下设指标：

C_{41} 与 C_{42}：_____；C_{41} 与 C_{43}：_____；

C_{42} 与 C_{43}：_____。

B_5 下设指标：

C_{51} 与 C_{52}：_____；C_{51} 与 C_{53}：_____；C_{51} 与 C_{54}：_____；

C_{52} 与 C_{53}：_____；C_{52} 与 C_{54}：_____；

C_{53} 与 C_{54}：_____。

2. 评价等级确定

将风险分为很低、较低、一般、较高、很高五个等级，对各二级指标进行风险评价，评估各指标出现各风险的概率，每个二级指标在所有风险等级的概率和应为 1。例如：C_{11} 导致融资出现很低风险的概率为 0.7，出现较低风险的概率为 0.1，一般风险的概率为 0.2，较高与很高风险出现的概率均为 0，则 C_{11} 各级风险出现的概率总和为 1。

附表 3 - 3 　　　　　　　　中小企业民间融资风险评价等级

目标层	一级指标	二级指标（子准则层）	评价等级				
			很低	较低	一般	较高	很高
中小企业民间融资综合风险（A）	政策法律因素（B_1）	民间资本引导政策（C_{11}）					
		民间金融机构政策（C_{12}）					
		民间资本及金融机构法律定位（C_{13}）					
		金融政策（C_{14}）					
	宏观经济因素（B_2）	区域民间资本存量（C_{21}）					
		民间资本使用成本（C_{22}）					
		行业内竞争情况（C_{23}）					
	企业信用（B_3）	企业形象（C_{31}）					
		抵押担保（C_{32}）					
		企业产品或服务质量（C_{33}）					
		贷款到期清偿率（C_{34}）					

续表

目标层	一级指标	二级指标（子准则层）	评价等级				
			很低	较低	一般	较高	很高
中小企业民间融资综合风险（A）	企业财务状况（B_4）	偿债能力（C_{41}）					
		营运能力（C_{42}）					
		盈利能力（C_{43}）					
	企业经营管理（B_5）	企业规模（C_{51}）					
		经营项目多样性（C_{52}）					
		管理层素质（C_{53}）					
		内部控制与管理（C_{54}）					

附录 4　调查问卷——中小企业

浙江省中小企业融资情况调查问卷

　　本次问卷调查旨在了解和掌握浙江省中小企业的融资情况以及在融资中面临的主要困难，为做好中小企业的金融服务工作提供依据和参考。

　　本问卷共分六个部分，期待贵企业相关领导能在百忙之中抽空填写或指派专人负责完成。我们将严格履行保密义务，最终结果只供研究之用，不做任何其他用途。谢谢！

第一部分：企业基本情况

　　1. 贵企业成立时间：＿＿＿＿＿＿＿＿年。

　　2. 贵企业注册资本：＿＿＿＿＿＿＿＿万元。

　　3. 贵企业属于哪种类型的企业？（　　　）

　　A. 中型企业（从业人员 300 人及以上，且营业收入 2000 万元及以上）

　　B. 小型企业（从业人员 20 人及以上，且营业收入 300 万元及以上）

　　C. 微型企业（从业人员 20 人以下或营业收入 300 万元以下）

　　4. 贵企业注册类型为（　　　）。

　　A. 国有或国有控股企业　　　　　　B. 集体企业

　　C. 有限责任公司　　　　　　　　　D. 股份有限公司

　　E. 民营企业　　　　　　　　　　　F. 外商及港、澳、台商投资企业

　　G. 其他（请注明）＿＿＿＿＿＿＿＿

5. 贵企业所属行业为（　　　）。

A. 纺织服装业　　　　　　　　　B. 家电

C. 食品制造业　　　　　　　　　D. 陶瓷及其他建材

E. 皮革、毛皮、羽绒制品业　　　F. 木材加工及竹、藤、棕、草制品业

G. 信息传输、计算机服务和软件业

H. 批发和零售业　　　　　　　　I. 住宿和餐饮业

J. 交通运输、仓储和邮政业　　　K. 房地产业

L. 租赁和商务业　　　　　　　　M. 金属材料加工及制品

N. 其他（请注明）＿＿＿＿＿＿＿＿

6. 贵企业业务辐射范围为（　　　）。

A. 本市　　　　　　　　　　　　B. 本省

C. 本省及周边省份　　　　　　　D. 全国

E. 跨境

7. 贵企业的资产负债率是多少？（　　　）

A. 20% 及以下　　　　　　　　　B. 20%～30%

C. 30%～40%　　　　　　　　　　D. 40% 以上

8. 贵企业负责人性别是（　　　）。

A. 男　　　　　　　　　　　　　B. 女

9. 贵企业负责人年龄层次为（　　　）。

A. 25 岁以下　　B. 25～35 岁　　C. 36～45 岁　　D. 46～55 岁

E. 55 岁以上

10. 贵企业负责人文化程度为（　　　）。

A. 初中及以下　　　B. 高中　　　C. 专科　　　D. 本科

E. 硕士及以上

11. 贵企业业主从业时间为（　　　）。

A. 10 年以下　　　　　　　　　　B. 11～20 年

C. 21～30 年　　　　　　　　　　D. 31 年以上

第二部分：企业融资情况

（除注明为多选外，其余均为单选）

1. 贵企业创办时筹资途径有哪些？金额为多少？（多选，企业存在的项目在"□"内打"√"并填写金额）

□自有资金（个人、家庭积蓄）＿＿＿＿＿万元

□亲戚借款＿＿＿＿＿万元

□朋友和熟人借款＿＿＿＿＿万元

□内部员工集资＿＿＿＿＿万元

□向租赁机构融资＿＿＿＿＿万元

□银行贷款＿＿＿＿＿万元

□小额贷款公司贷款＿＿＿＿＿万元

□股东投资＿＿＿＿＿万元

□其他（请注明）＿＿＿＿＿＿＿＿＿＿＿＿＿＿

2. 贵企业融资的目的为（　　）。（多选）

A. 补充流动资金　　　　B. 扩大生产经营规模

C. 购置固定资产　　　　D. 新产品新技术研究开发

E. 开展新项目　　　　　F. 拓展新市场

G. 归还拖欠贷款

H. 其他（请注明）＿＿＿＿＿＿＿＿＿＿＿＿

3. 贵企业年均融资需求大约是（　　）。

A. 20 万元以下　　　　B. 20 万~50 万元　　　　C. 51 万~100 万元

D. 101 万~500 万元　　E. 501 万~1000 万元　　E. 1000 万元以上

4. 贵企业近年来的融资途径是（　　）。（多选，由易到难程度排序）

A. 向银行贷款　　　　　　　　B. 向信用担保机构贷款

C. 向小额贷款公司贷款　　　　D. 向租赁机构融资

E. 向亲朋借款   F. 内部员工集资

G. 向其他公司借款   H. 发行债券

I. 股权融资   J. 公开发行上市

K. 向高利贷借款   L. 企业自有资金积累

M. 国家政策性借贷   N. 其他（请说明）_____

其中：银行贷款占_____%，民间融资占_____%，其他占_____%。

5. 贵企业能承受的利率水平是（   ）。

A. 基准利率或低于基准利率的浮动利率

B. 银行贷款基准利率的 1.1~1.3 倍

C. 银行贷款基准利率的 1.4~1.5 倍

D. 银行贷款基准利率的 1.6~2.0 倍

6. 贵企业目前年均融资资费率[（利息＋费用)/融资金额]为（   ）。

A. 10% 以下   B. 10%~20%   C. 20%~30%

D. 30%~40%   E. 40% 以上

7. 贵企业融资周期主要为（   ）。

A. 3 个月及以下   B. 3~6 个月   C. 6 个月至 1 年

D. 1~3 年   E. 3 年以上

如果贵企业没有采用民间融资，请跳到第 12 题开始回答。

8. 贵企业最近一次民间融资是在_____年。

9. 贵企业成立至今，民间借贷（   ）。

A. 长期存在   B. 一年有几次   C. 偶尔存在   D. 没有

10. 贵企业最近一次民间融资是什么方式？（   ）

A. 仅凭信用，无须抵押担保   B. 财产抵押   C. 第三方担保

11. 贵企业最近一次民间融资，借入资金的月利率为（   ）。

A. 1% 及以内   B. 1%~2%（含）   C. 2%~3%（含）

D. 3%~4%（含）   E. 5%~6%（含）   F. 6%~7%（含）

G. 7%~8%（含）　　　H. 8% 以上

如果贵企业没有采用担保融资，请跳到第三部分开始回答。

12. 贵企业向银行申请贷款，获得贷款时的担保方式为（　　）。（多选）

A. 信用贷款，无须担保　　　　　B. 房产、设备抵押

C. 其他担保物担保　　　　　　　D. 专业担保公司担保

E. 其他企业或第三方担保　　　　F. 行业协会担保

G. 其他（请注明）＿＿＿＿＿＿＿＿＿＿

13. 贵企业是否通过担保机构进行融资？（　　）

A. 是　　　　　　　　　　　　　B. 否

（若答案为是，则继续填写以下问卷）

14. 贵企业参与的担保机构类型为（　　）。

A. 政策性担保机构　　　　　　　B. 互助性担保机构

C. 商业性担保机构　　　　　　　D. 其他（请注明）＿＿＿＿＿＿

15. 贵企业参与的担保机构的模式为（　　）。

A. 协会式互助担保　　　B. 联户担保　　　C. 基金式互助担保

16. 贵企业缴纳的担保机构会费为＿＿＿＿＿＿＿万元。

17. 贵企业近年来通过担保机构获批银行贷款情况：

2008 年申请贷款总额＿＿＿＿＿万元，实际获得贷款比例为＿＿＿＿％；

2009 年申请贷款总额＿＿＿＿＿万元，实际获得贷款比例为＿＿＿＿％；

2010 年申请贷款总额＿＿＿＿＿万元，实际获得贷款比例为＿＿＿＿％；

2011 年申请贷款总额＿＿＿＿＿万元，实际获得贷款比例为＿＿＿＿％；

2012 年申请贷款总额＿＿＿＿＿万元，实际获得贷款比例为＿＿＿＿％。

18. 贵企业与同行业企业之间的融资方式为（　　）。（多选）

A. 商业信用

B. 基金运作方式或企业间成立的财务公司、信用组织

C. 民间资本持有者以持股形式向企业间成立的集团公司投资

D. 以互助联保、互助担保向企业区域之外的民营银行贷款

19. 贵企业对外担保单款期限选择上更倾向于（　　）。

A. 3 个月以内　　　　　B. 3 ~ 6 个月　　　　　C. 6 个月至 1 年

D. 1 ~ 3 年　　　　　　E. 3 ~ 5 年　　　　　　F. 5 年以上

20. 贵企业更倾向于向哪些行业的企业发生担保业务？（　　）（多选）

A. 纺织服装业　　　　　　　　　B. 家电

C. 食品制造业　　　　　　　　　D. 陶瓷及其他建材

E. 皮革、毛皮、羽绒制品业　　　F. 木材加工及竹、藤、棕、草制品业

G. 信息传输、计算机服务和软件业

H. 批发和零售业　　　　　　　　I. 住宿和餐饮业

J. 交通运输、仓储和邮政业　　　K. 房地产业

L. 租赁和商务业　　　　　　　　M. 金属材料加工及制品

N. 其他（请注明）＿＿＿＿＿＿＿＿

21. 贵企业容易与哪些企业发生担保业务？（　　）（多选）

A. 规模大、盈利能力好的企业

B. 与本企业处于同一行业，产品有互补或竞争关系的企业

C. 与本企业处于同一产业的上下游的企业

D. 与本企业所在地周围的企业

E. 同一行业协会的企业

F. 管理层之间关系良好的企业

G. 信用好，无不良还款记录的企业

H. 其他（请注明）＿＿＿＿＿＿＿＿＿＿＿＿＿

22. 企业之间的担保行为，担保形式为（　　）。（多选，按发生次数由多到少进行排列）

A. 一个企业为一个企业担保　　　B. 一个企业为多个企业担保

C. 多个企业为一个企业担保　　　D. 多个企业为多个企业担保

E. 其他（请注明）＿＿＿＿＿＿＿＿

23. 贵企业近年来为别的企业担保银行贷款情况：

2008 年担保笔数额_____笔，担保贷款总额_____万元；

2009 年担保笔数额_____笔，担保贷款总额_____万元；

2010 年担保笔数额_____笔，担保贷款总额_____万元；

2011 年担保笔数额_____笔，担保贷款总额_____万元；

2012 年担保笔数额_____笔，担保贷款总额_____万元。

24. 贵企业在融资过程中的还款情况如何？（   ）

A. 全部按期偿还借款   B. 有延期偿还情况

C. 有无法偿还情况

25. 被担保企业发生违约行为时，本企业应承担的责任（   ）。

A. 以担保额或物品为限的有限连带责任

B. 无限连带责任

C. 其他（请注明）_____

第三部分：财务数据调查

1. 企业年末资金情况

附表 4 - 1　　　　　**2008 ~ 2012 年企业年末资金情况**　　　单位：万元

资金来源	2008 年	2009 年	2010 年	2011 年	2012 年
企业闲置资金金额					
企业所需融资量					
互助担保贷款余额					
企业自有资金余额					
国家政策性借贷余额					
向亲戚借款余额					
向朋友和熟人借款余额					
向其他公司借款余额					
向高利贷借款余额					
向小额贷款公司借款余额					

续表

资金来源	2008 年	2009 年	2010 年	2011 年	2012 年
向租赁机构融资余额					
内部员工集资余额					
企业债券余额					
股权融资金额					
其他资金来源余额					
民间借贷利率范围					

2. 企业五年财务数据表（时点指标请按当年年末余额填写，时期指标请按当年累计数填写）

附表 4 - 2　　　　　　　　**2008 ~ 2012 年财务数据汇总**　　　　　单位：万元

指标	2008 年	2009 年	2010 年	2011 年	2012 年
货币资金额					
交易性金融资产额					
应收账款额					
其他应收预付款					
存货					
流动资产额					
资产总额					
流动负债额					
利息费用					
财务费用					
负债总额					
所有者权益					
销售收入额					
营运资本额					
所得税额					
净利润					
生产经营产生的现金流量					
是否存在融资困难（是或否）					
是否存在过度担保行为（是或否）					

第四部分：企业融资困难调查

（除注明为多选外，其余均为单选）

1. 贵企业的融资现状（　　　）。

A. 银行对企业的信贷条件苛刻于对大型企业的信贷条件，企业融资难、门槛高

B. 企业资金严重匮乏，资金链绷紧，银行抽贷、压贷

C. 所需资金来源渠道少，不仅难以获得权益资金，更难以获得长期债务的支持

D. 其他（请说明）

2. 若遇到融资困难，贵企业认为遇到困难的主要原因是（　　　）。（多选）

A. 企业财务状况欠佳　　　　　　B. 企业经营状况欠佳

C. 企业信用等级低　　　　　　　D. 企业规模小

E. 贷款项目风险大　　　　　　　F. 不太符合国家产业政策导向

G. 资金供需双方沟通不畅　　　　H. 缺少中介服务的有力支持

I. 贷款手续复杂、审批时间长，难以满足自身生产经营需求

J. 贷款利率高

K. 无有效资产抵押

L. 信用评级无法达到金融机构要求

M. 贷款方存在歧视

N. 金融机构评估能力差

O. 缺乏政策或政策不配套

P. 其他（请具体说明）＿＿＿＿＿＿＿＿＿＿＿＿＿＿＿＿

3. 贵企业认为金融机构对中小企业的信贷额度和信贷利率怎样？（　　　）

A. 信贷额度高，信贷利率低　　　B. 信贷额度高，信贷利率高

C. 信贷额度低，信贷利率低　　　　D. 信贷额度低，信贷利率高

4. 贵企业的融资受金融机构的哪些影响？（　　）（多选，按重要度由高到低排序）

A. 金融产品是否创新　　　　B. 金融机构的数量

C. 金融机构的服务质量　　　　D. 金融机构对中小企业的观念及评价

5. 贵企业与银行的关系如何？（　　）

A. 非常密切　　　　B. 关系良好

C. 关系一般　　　　D. 没有关系

6. 贵企业向银行贷款的难易程度？（　　）

A. 容易　　　　B. 困难

若选择为困难，则主要原因是（　　）。（多选，请按重要程度排序）

A. 银行贷款额度不足　　　　B. 信用审查过严

C. 贷款手续太烦琐　　　　D. 贷款利率和费用高，企业无法承受

E. 抵押品要求过高　　　　F. 找不到担保人

G. 缺乏民营中小银行

H. 其他（请注明）＿＿＿＿＿＿＿＿＿＿＿＿＿＿

7. 贵企业从担保机构取得担保的难易程度？（　　）

A. 很困难　　　　B. 困难，但可争取

C. 比较容易　　　　D. 很容易

8. 贵企业的融资受社会环境的哪些影响？（　　）（多选）

A. 政府部门的支持　　　　B. 货币政策调控

C. 现行融资法律法规　　　　D. 现行抵押收费制度

E. 社会担保体系　　　　F. 其他（请注明）＿＿＿＿＿＿＿＿

9. 贵企业认为政府在企业融资过程中是否起到作用？（　　）

A. 有重要作用　　　　B. 有作用

C. 作用不大　　　　D. 没有作用

10. 贵企业融资的特点有（　　）。（多选）

A. 需求急　　　　　　　　B. 时间短

C. 额度小　　　　　　　　D. 频率高

E. 利率高

11. 您认为民间融资有哪些特点？（　　　）（多选）

A. 灵活简便　　　　　　　B. 利率弹性大

C. 融资主体多元化　　　　D. 专业化趋势

E. 融资行为渐趋理性　　　F. 其他（请注明）_____

12. 贵企业对民间资本的需求程度为（　　　）。

A. 高　　　　　　　　　　B. 中

C. 低　　　　　　　　　　D. 无

13. 贵企业更倾向于向正规金融渠道还是民营银行融资？（　　　）

A. 正规金融渠道　　　　　B. 民营银行

14. 请您根据影响贵企业选择融资渠道的因素打分，0 表示无影响，1 至 5 表示影响程度逐渐变大，请用"√"表示相应的数字。

附表 4 - 3　　　　　　　　影响企业融资渠道的因素评分

因素	0	1	2	3	4	5
贷款利率						
融资成本						
企业信用等级						
贷款数额						
融资程序						
企业规模						
企业财务状况						
抵押资产						
货币政策						
政府扶持力度						
金融体系						
竞争态势						
其他（请注明）_____						

第五部分：企业信用情况

（除注明为多选外，其余均为单选）

1. 您认为企业信用对于企业融资的影响是（　　）。

A. 企业守信下次容易借到款，失信则难以借到款

B. 企业守信则信用等级会提高，失信则会降低信用等级

C. 企业守信，以后的融资成本会降低，失信则相反

D. 其他（请注明）＿＿＿＿＿＿＿＿＿

2. 您认为应该如何提高企业的信用体系建设？（　　）（多选）

A. 制订企业信息整合录入方案，完善信用评价、评级体系

B. 加强企业信用监管和立法、执法体系

C. 对于失信企业，结合利益奖惩、行政和法律手段、宣传教育等方
式，促进中小企业提升信用水平

D. 其他（请注明）＿＿＿＿＿＿＿＿＿

3. 请您根据影响企业间商业信用的有关因素做如下打分，1 表示"是"，
0 表示"否"，1 至 5 表示由低到高的排列，请用"√"表示相应的选择。

附表 4 - 4　　　　　　影响企业间商业信用的因素评分

名称	表示方法
是否提供商业信用	1　　0
是否提供现金折扣	1　　0
是否为季节性销售	1　　0
是否延长商业信用天数	1　　0
提供商业信用多少天	
企业规模（用销售收入表示）	1　2　3　4　5
所在行业的竞争激烈程度	1　2　3　4　5
企业主要产品的质量	1　2　3　4　5
主要产品价格的高低	1　2　3　4　5
销售渠道	中间销售商渠道　　其他：＿＿＿＿
企业性质	国有或国有控股企业　　其他：＿＿＿＿

4. 企业信用风险的特点有哪些？（　　　）（多选）

A. 综合性 　　　　B. 传递性 　　　　C. 扩散性

D. 累积性 　　　　E. 隐蔽性 　　　　F. 突发性

G. 不确定性

5. 贵企业的信用风险评估的指标如下，1 至 5 表示影响程度由低到高的顺序，请用"√"表示所选的数字。

附表 4－5　　　　　　　　　信用风险评估

名称	表示方法
市场占有率	1　2　3　4　5
产品销售状况	1　2　3　4　5
产品质量	1　2　3　4　5
产品技术水平	1　2　3　4　5
获利能力	1　2　3　4　5
行业发展前景	1　2　3　4　5
领导经营管理水平	1　2　3　4　5
合同履约率	1　2　3　4　5
债务偿还率	1　2　3　4　5
违约情况	1　2　3　4　5
信用等级	B－　B　BB　BBB　A　　AA　AAA

第六部分：企业融资对策调查

（除注明为多选外，其余均为单选）

1. 贵企业在民间融资时应如何进行风险控制？（　　　）（多选）

A. 靠企业的信用借入资金

B. 对公司及经营者的情况进行风险控制

C. 靠担保公司承担风险

D. 靠民间借贷服务登记中心来控制风险

E. 通过签订协议来控制风险

F. 其他（请注明）＿＿＿＿＿＿＿＿＿＿＿＿

2. 您认为民间融资对企业交易成本方面的影响如何，0 表示降低，1 表示升高，请用"√"表示所选的数字。

附表 4-6   民间融资对企业交易成本的影响程度

名称	表示方法
搜寻成本（商品信息与交易对象信息的搜集）	0 1
信息成本（取得交易对象消息及与其进行信息交换所需成本）	0 1
决议成本（针对契约、价格、品质讨价还价的成本）	0 1
决策成本（进行相关决策与签订契约所需的内部成本）	0 1
监督成本（监督交易对象是否如约进行的成本）	0 1
违约成本（违约时所需付出的成本）	0 1

3. 您认为应如何规范民间融资？（   ）（多选）

A. 政府要规范民间融资，使其阳光化、合法化

B. 充分发挥网络借贷平台的作用，打造民间金融的监测体系，信息技术和法律技术相结合，建立规范化、标准化、流程化的民间借贷登记平台

C. 集合民间资金，建立更多真正的民间合作金融组织，放开金融市场、降低准入门槛、推进利率市场化的方式，实现金融创新

D. 用社会管理创新的思路来探讨成立民间借贷协会之类的行业协会自我规范的管理路径

E. 其他（请注明）_____

4. 您认为应如何提高民间融资效率？（   ）（多选）

A. 提高互联网平台自助融资的广泛效率

B. 提高中小企业信用担保制度保障效率

C. 提高国内资本市场规范度和运行效率

D. 提高民间融资渠道和形式的补充效率

E. 提高中小企业板和创业板的支撑效率

F. 其他（请注明）_____

5. 您认为地方政府应该采取什么措施帮助中小企业？（　　）（多选）

A. 构建完善的法律保障体系

B. 拓宽融资渠道，降低贷款要求

C. 鼓励中小企业投靠优势企业

D. 加大产业政策倾斜

E. 降低行业进入门槛

F. 减低税费（包括提高出口退税率）

G. 加大财政补贴力度

H. 降低贷款利率水平

I. 加强公共技术及信息平台建设

J. 营造公平竞争的商业环境

K. 其他（请注明）_____

6. 贵企业在解决困难中可能存在的障碍有哪些？

_____

_____

_____

7. 贵企业在解决困难遇到障碍时，倾向于选择哪些应对措施？

_____

_____

_____

参 考 文 献

[1] 巴劲松：《从"浙江模式"的经验看我国中小企业信用互助担保模式的建立》，载于《上海金融》2007年第8期。

[2] 边磊：《中小企业内生性互助联保融资模式的实践：巨野案例》，载于《金融发展研究》2011年第32卷第3期。

[3] 蔡吉甫：《政治关系、银行贷款与民营企业商业信用筹资》，载于《江西财经大学学报》2013年第3期。

[4] 陈道富：《我国担保圈大数据分析的初步发现》，载于《中国发展观察》2015年第1期。

[5] 陈宏：《中国上市公司对外担保行为研究——基于公司价值与治理结构的分析》，厦门大学博士学位论文，2006年。

[6] 陈卫程：《中国上市公司对外担保对其业绩影响的实证研究》，中南大学硕士学位论文，2008年。

[7] 崔晓玲、钟田丽：《基于价值和费率的信用担保融资契约模型》，载于《管理学报》2010年第5期。

[8] 杜传文：《产业集群与中小企业直接融资》，载于《管理科学文摘》2004年第9期。

[9] 冯根福、马亚军：《中国上市公司担保行为的实证分析》，载于《中国工业经济》2005年第23卷第3期。

[10] 高连和、董倩：《地方金融创新、集群金融生发与财税政策支持》，载于《社会科学》2014年第2期。

[11] 龚凯颂、卢春荣、曹阳：《股权结构、董事会特征与上市公司

中小企业集群互助担保融资及违约治理研究

对外担保》，载于《会计之友》（下旬刊）2009 年第 6 期。

[12] 顾海峰：《中小企业金融担保风险补偿机制的系统性构建研究》，载于《新金融》2011 年第 5 期。

[13] 郭琪：《农村互助担保：形式创新与制度缺陷》，载于《当代经济管理》2010 年第 32 卷第 1 期。

[14] 洪金镖：《依托企业集群行业公会：中小企业融资互助担保的新构想》，载于《东南学术》2005 年第 2 期。

[15] 侯峰：《我国中小企业信用担保的风险管理研究》，重庆交通大学硕士学位论文，2008 年。

[16] 侯明、曹轶群：《中小企业信用担保体系的构建——基于浙江担保链风险的再思考》，载于《浙江金融》2013 年第 9 期。

[17] 胡妍：《中小企业融资模式创新研究》，载于《商场现代化》2010 年第 15 期。

[18] 黄东坡：《"企业联盟＋互助担保＋主办银行"的中小企业融资模式创新》，载于《财会月刊》2012 年第 32 期。

[19] 霍震涛、霍源源：《银行授信担保链（圈）风险分析和应对措施》，载于《金融理论与实践》2015 年第 5 期。

[20] 江衍妙、邵颂红：《中小企业信贷担保链风险防范与化解的对策研究——以温州市中小企业的实地调研为例》，载于《浙江金融》2014 年第 5 期。

[21] 黎日荣、周怀峰：《社会资本视角下的中小企业融资效率分析》，载于《贵州财经学院学报》2011 年第 31 卷第 6 期。

[22] 李洪亚：《融资约束、企业规模与成长动态》，载于《财经理论与实践》2013 年第 34 期。

[23] 李信见、袁雪莉、姜全：《组织增信与有限责任联保增信的有效结合：牟平区"助保金"贷款案例》，载于《金融发展研究》2012 年第 8 期。

[24] 李玥、楼瑜：《中小集群企业融资优势研究》，载于《经济论坛》2006 年第 12 期。

[25] 刘加勇：《联户联保：破解中小企业贷款难的现实选择》，载于《现代金融》2008 年第 8 期。

[26] 刘蕾、高长元、鄢章华：《基于互助担保模式的高技术虚拟产业集群融资研究》，载于《科技进步与对策》2011 年第 19 期。

[27] 刘小年、郑仁满：《公司业绩、资本结构与对外信用互助担保》，载于《金融研究》2005 年第 4 期。

[28] 刘兴亚：《融资担保模式探索——以安徽为例》，载于《中国金融》2015 年第 20 期。

[29] 卢彩梅、徐天强：《中小企业集群网络融资新模式设计》，载于《财会月刊》2015 年第 6 期。

[30] 陆岷峰、栾成凯：《我国钢材市场融资模式风险特征与应对策略》，载于《天津市财贸管理干部学院学报》2012 年第 14 卷第 4 期。

[31] 吕劲松：《担保链贷款风险分析》，载于《中国金融》2015 年第 12 期。

[32] 罗刚、赵亚伟、王泳：《基于复杂网络理论的担保网络风险传播模式》，载于《中国科学院大学学报》2015 年第 6 期。

[33] 罗佳：《担保链风险传染运行机理的研究》，浙江工商大学硕士学位论文，2015 年。

[34] 罗霞：《中小企业互助担保融资模式研究——以山东禹城为例》，载于《生产力研究》2011 年第 26 卷第 8 期。

[35] 罗正英：《中小企业集群信贷融资：优势、条件与对策》，载于《财贸经济》2010 年第 2 期。

[36] 马改云、孙仕明：《短期融资券发行利差风险结构探析——基于 Z 值模型的计量》，载于《审计与经济研究》2009 年第 24 期。

[37] 马亚军、韩文明：《上市公司国有资产价值流失分析》，载于

《中国工业经济》2003 年第 5 期。

[38] 苗文龙：《金融危机与金融市场间风险传染效应——以中、美、德三国为例》，载于《中国经济问题》2013 年第 3 期。

[39] 乜洪辉：《基于 SIR 模型的银行危机传染研究》，湖南大学硕士学位论文，2012 年。

[40] 牟彩艳：《我国企业建立合作融资担保模式的探讨》，载于《商业会计》2013 年第 34 卷第 7 期。

[41] 牛军：《河南省中小企业集群融资新模式——园区信用联合体模式探讨》，载于《会计之友》2012 年第 10 期。

[42] 潘楚楚、杨宜：《高科技中小企业信用互助担保运作模式的选择》，载于《北京工业大学学报》2007 年第 10 期。

[43] 潘永明、仝云丽：《基于担保机制的网络联保融资模式创新》，载于《财经理论与实践》2014 年第 3 期。

[44] 彭佳、吴小瑾：《社会资本、信用合作组织与中小企业集群融资创新——以湖南省汨罗市为案例 [J]. 经济体制改革》2008 年第 3 期。

[45] 彭锡光、焦瑾璞：《"担保 + 小额信贷"模式有效性之理论探析——基于小额信贷机构可持续发展角度》，载于《金融理论与实践》2014 年第 3 期。

[46] 钱勇、洪福生：《中小企业融资对社区银行的依赖：山西个案》，载于《改革》2009 年第 22 卷第 10 期。

[47] 饶育蕾、张媛、彭叠峰：《股权比例、过度互助担保与隐蔽掏空——来自我国上市公司对子公司互助担保的证据》，载于《南开管理评论》2008 年第 1 期。

[48] 任志安、李梅：《企业集群的信用优势分析》，载于《中国工业经济》2004 年第 7 期。

[49] 沈红波：《"中小企业联保"贷款模式剖析——破解小企业融资难与现代金融对接的难题》，载于《浙江金融》2008 年第 11 期。

[50] 苏旺胜、施祖麟:《信用担保制度提高信贷市场绩效的理论与方案》,载于《清华大学学报》(哲学社会科学版)2003 年 S1 期。

[51] 孙琳、王莹:《我国中小企业集合债融资和新型担保模式设计》,载于《学术交流》2011 年第 6 期。

[52] 汪子文、刘端、杨芳等:《上市公司担保行为及其财务风险的实证研究》,载于《金融教学与研究》2006 年第 4 期。

[53] 王立彦、林小驰:《上市公司对外担保行为的股权结构特征解析》,载于《南开管理评论》2007 年第 10 卷第 1 期。

[54] 王怡、李红刚:《信息不对称引发的银行挤兑和风险传染模型》,载于《北京师范大学学报》(自然科学版)2012 年第 48 卷第 3 期。

[55] 魏锋、刘星:《融资约束、不确定性对公司投资为的影响》,载于《经济科学》2004 年第 2 期。

[56] 文学舟、吴永顺:《我国政策性担保机构面临的制度约束及优化设计——基于江苏、山东、四川 3 省担保机构的实证分析》,载于《科技管理研究》2014 年第 15 期。

[57] 吴小瑾:《基于社会资本视角的中小企业集群融资机制研究》,中南大学博士学位论文,2008 年。

[58] 吴小瑾、陈晓红:《基于社会资本的集群中小企业融资行为研究》,载于《中南财经政法大学学报》2008 年第 51 卷第 8 期。

[59] 吴艳华:《上市公司对外互助担保及其财务危机预测》,载于《生产力研究》2008 年第 21 期。

[60] 吴玉鸣:《空间计量经济模型在省域研发与创新中的应用研究》,载于《数量经济技术经济研究》2006 年第 5 期。

[61] 郄萌:《基于 Z 值测度的微型企业内部控制与财务风险关系研究》,载于《统计与决策》2013 年第 11 期。

[62] 谢奉君:《电子商务平台对中小企业融资的信用担保机制分析》,载于《经济体制改革》2015 年第 5 期。

中小企业集群互助担保融资及违约治理研究

［63］薛爽、王鹏：《影响上市公司业绩的内部因素分析》，载于《会计研究》2004 年第 3 期。

［64］薛钰显、王东超：《中小企业信用再担保机构的风险分担比例研究》，载于《内蒙古社会科学》（汉文版）2013 年第 34 卷第 3 期。

［65］阎竣、陈传波：《政治身份与私营中小企业的融资——基于农业私营企业的实证研究》，载于《农业技术经济》2008 年第 2 期。

［66］曾江洪、刘欣：《基于社会资本视角的中小企业网络联保信贷模式研究》，载于《首都经济贸易大学学报》2011 年第 6 期。

［67］张代军：《辽宁、浙江两省中小企业融资比较与启示》，载于《辽东学院学报》（社会科学版）2010 年第 12 卷第 3 期。

［68］张乐才：《企业资金担保链：风险消释、风险传染与风险共享——基于浙江的案例研究》，载于《经济理论与经济管理》2011 年第 10 期。

［69］张乐才、杨宏翔：《企业资金担保链的风险传染机制》，载于《经济体制改革》2013 年第 1 期。

［70］张枚房：《担保过度与风险放大：嘉周化工基德案例——基于量子理性的解》，载于《金融理论与实践》2013 年第 7 期。

［71］张婷：《集群融资模式的内生性组织载体研究》，载于《经济体制改革》2013 年第 2 期。

［72］张媛：《区域文化与风险偏好影响企业投资决策的理论与实证研究》，中南大学博士学位论文，2011 年。

［73］赵强：《产业集群创新优势分析及其启示》，载于《商业研究》2005 年第 8 期。

［74］赵瑞：《社会资本视角下企业融资行为研究》，华侨大学博士学位论文，2012 年。

［75］赵秀芳、周利军：《中小企业集群的信贷融资优势——从信息不对称理论角度分析》，载于《绍兴文理学院学报》2003 年第 4 期。

［76］郑彬、赵祥:《产业集群与中小企业融资机制创新——以广东省中山市小榄镇五金产业集群为例》，载于《广东行政学院学报》2009年第3期。

［77］郑海英:《上市公司对外互助担保及其风险分析——基于啤酒花事件引发的思考》，载于《中央财经大学学报》2004年第8期。

［78］中国人民银行萧山支行课题组，李培芳，黄佳军:《企业融资担保结构形成原因及影响分析——以萧山为例》，载于《浙江金融》2013年第4期。

［79］周怀峰、黎日荣:《中小企业联保贷款的约束机制及成员规模的确定》，载于《中南财经政法大学学报》2011年第54卷第6期。

［80］朱佳俊、李金兵、唐红珍:《基于CAPP的知识产权融资担保模式研究》，载于《华东经济管理》2014年第28卷第5期。

［81］Abu Ikponmwosa Noruwa, Ezike John Emeka, "The Role and Sustainability of Microfinance Banks in Reducing Poverty and Development of Entrepreneurship in Urban and Rural Areas in Nigeria", *International Journal of Business Administration*, 2012, 3 (3): 33 – 40.

［82］Allan, L., Riding, George Haines, J.R., "Loan Guarantees Costs of Default and Benefits to Small Firms", *Journal of Business Venturing*, 2001, 16 (6): 595 – 612.

［83］Allen, F., Gale, D., "Financial Contagion", *Journal of Political Economy*, 2000 (108): 1 – 33.

［84］Azende Terungwa, "Risk Management and Insurance of Small and Medium Scale Enterprises (Smes) in Nigeria", *International Journal of Finance and Accounting*, 2012, 1 (1): 8 – 17.

［85］Banerjee, A.V., Besley, Timothy and Guinane T.W., "The neighbor keeper: the decision of a credit cooperative with theory and a test", *Quarterly Journal of Economics*, 1994, 15 (2): 109 – 110.

中小企业集群互助担保融资及违约治理研究

[86] Beasley, Stephen Coata, "Group Lending, Repayment Incentives and Social Collateral", *Journal of Financial Economics*, Elsevier, 1995 (46): 1 – 18.

[87] Belle, A. A. , G. C. , Means, *The Modem Corporation and Private Property*. New York: MacMillan Co. , 1932.

[88] Berger, A. N. and Udell, G. F. , "Relationship lending and lines of credit in small firm finance", *Journal of Business*, 2003: 35 – 38.

[89] Besley, T. , Coate, S. , "Group lending, repayment incentives and social collateral", *Joumal of Development Economics*, 1995 (46): 1 – 18.

[90] Blazy, Regis, and Laurent Weill, Why Do Banks Ask for Collateral and Which Ones. Working Papers, University of Luxembourg, 2007.

[91] Boot, Arnoud, Thakor, Anjan and Gregory Udell, "Secured Lending and Default Risk: Equilibrium Analysis, Policy Implications and Empirical Results", *Economic Journal*, 1991 (101): 458 – 472.

[92] Brader, J. , Lewis. T. , "Oligopoly and financial structure: The limited liability effect", *American Economic Review*, 1986 (76): 956 – 970.

[93] Claessens, S. and L. Laeven, "Financial Development, Property Right and Growth", *Journal of Finance*, 2003 (58): 2401 – 2436.

[94] Cleary, S. , "The Relationshipbetween Firm Investment and Financial Status", *The Journal of Finance*, 1999 (54): 673 – 692.

[95] Columba Francesco, Gambacorta Leonardo, Mistrulli Paolo Emilio, "Mutual Guarantee Institutions and Small Business Finance", *Journal of Financial Stability*, 2010, 6 (1): 45 – 54.

[96] Columba, F. , Leonardo, G. , Paolo, E. M. , "Firms as monitor of other firms: mutual guarantee institutions and SME finance", Joint Journal of Financial Stability and World Bank Conference on Partial Credit Guarantee Schemes, 2008.

[97] Craig R. , Jackson Thomson, Small-Firm Credit Markets, SBA Guaranteed Lending and Economic Performance in Low-Income Areas. FRBC Working Paper, 2006.

[98] Cull, R. , Xu, L. C. , "Institutions, ownership, and finance: the determinants of profit reinvestment among Chinese firms", *Journal of Financial Economics*, 2005 (77): 117 – 146.

[99] Dang Thai Binh, "Economic Impact of Credit Guarantee System-Hungarian Case Study", *Theory Methodology Practice (TMP)*, 2015, 11 (1): 11 – 24.

[100] David Besanko, A. V. Thakor, *Collateral and Rationing: Sorting Equilibria in Monopolistic and Competitive Credit Markets.* International Economic Review, 1987, Vol. 28, No. 3.

[101] Dean, S. K. , "Social connections and group banking", *The Economic Journal*, 2007, 117 (517): F52 – F84.

[102] Dekle Robert, Kletzer Kenneth, "The Japanese Banking Crisis and Economic Growth: Theoretical and Empirical Implications of Deposit Guarantees and Weak Financial Regulation", *Japanese Int. Economics*, 2003, 17 (3): 305 – 335.

[103] Demirguc Kunt, A. , and V. Maksimovic, "Law, Finance and Firm Growth", *Journal of Finance*, 1998 (53): 2107 – 2137.

[104] Dodson Charles, "Bank Size, Lending Paradigms, and Usage of Farm Service Agency's Guaranteed Loan Programs", *Agricultural Finance Review*, 2014, 74 (1): 133 – 152.

[105] Durmus Cagr Yildirim, Ozlem Tosuner Unal, Ayfer Gedikli, "Financial Problems of Small and Medium – Sized Enterprises in Turkey", *International Journal of Academic Research in Business and Social Sciences*, 2015, 5 (1): 27 – 37.

[106] Egas, M., Riedl, A., "The economics of altruistic punishment and the maintenance of cooperation", Proceedings of the Royal Society London Biological Sciences, 2008.

[107] Fabio, S., "Social Capital as Social Networks: A new framework for measurement and an empirical analysis of its determinants and consequences", *The Journal of Socio-Economics*, 2009, 38 (3): 429 –442.

[108] Georgeta Dragomir, Mariana Trandafir, "The Role of the Funding System and Guarantee Credits Destined to Small Entrepreneurs in the Current Context I", *Acta Universitatis Danubius: Oeconomica*, 2011, 7 (6): 34 –45.

[109] Giles Golshetti, "Financial services in the East Midland: a discussion paper", *The Nottinghamshire Research Observatory*, 2003.

[110] Giovanni, B., Alberto, Z., "Mutual Loan-Guarantee Societies in Monopolistic Credit Markets with Adverse Selection", *Journal of Financial Stability*, 2012, 8 (1): 15 –24.

[111] Grossman, S. J., O. D. Hart, "Takeover Bids, the Free Rider Problem and the Theory of the Corporation", *The Bell Journal of Economic*, 1980, 11 (1): 42 –64.

[112] Hoshi, T., Kashyap, A., Schaffstein, D., "Corporate structure, liquidity, and investment: evidence from Japanese industrial group", *The Quarterly Journal of Economics*, 1991 (106): 33 –60.

[113] Ilhyock Shim, "Corporate Credit Guarantee in Asia", *BIS Quarterly Review*, 2006, 26 (4): 85 –98.

[114] Jae Won Kang, Almas Heshmati, "The Role of Personal Wealth in Small Business Finance", *Journal of Banking and Finance*, 1998, 22 (6): 1019 – 1061.

[115] Jarrow, R. A., Yu, F., "Counterparty Risk and the Pricing of Defaultable Securities", *Journal of Finance*, 2001, 56 (5): 1765 – 1800.

[116] Jensen, M. C. , W. H. Meckling, "Theory of the Firm: Managerial Behavior, Agency Cost and Ownership Structure", *Journal of Financial Economics*, 1976, 3 (4): 305 – 360.

[117] Jith Jayaratne and John Wolken, "How important are small banks to small business lending? New evidence from a survey of small firms", *Journal of Barking and Finanee*, 1999, 23 (2 – 4): 427 – 458.

[118] Kaplan, S. N. , Zingales, L. , "Do Investment – Cash Flow Sensitivities Provide Useful Mea-sures of Financing Constraints?", *Quarterly Journal of Economics*, 1997 (112): 169 – 215.

[119] Karl Polanyi, The economy as instituted process. In Mark Granovetter and Richard Swedberg (eds.), *The Sociology of Economical Life*. Boulder, Colo. : Westview Press, 1992: 34.

[120] Kathryn Manley, Formal and Informal Venture Capital and Networking: The Effect of Clusters. BCOMM, Carleton University, 2005.

[121] Kevin Cowan, Alejandro Drexler, Álvaro Yañez, "The Effect of Credit Guarantees on Credit Availability and Delinquency Rates", *Journal of Banking and Finance*, 2015, 59: 98 – 110.

[122] Lee, L. F. , "GMM and 2SLS estimation of mixed regressive, spatial autoregressive models", *Journal of Econometrics*, 2007 (137): 489 – 514.

[123] Mara Faccio, "Politically connected firms", *American Economic Review*, 2006, 96 (1): 369 – 386.

[124] Marc Cowling, Peter Mitchell, "Is the Small Firms Loan Guarantee Scheme Hazardous for Banks or Helpful to Small Business", Small Business Economics, 2003, 21 (1): 63 – 71.

[125] Michael C. Jensen, "The Modern Industrial Revolution, Exit, and the Failure of Internal Control Systems", *The Journal of Finance*, 1993,

中小企业集群互助担保融资及违约治理研究

48 (3): 831 – 880.

[126] Montgomery, R., "Disciplining orprotecting the poor? Avoidingthe social costs of peer pressure in micro-credit schemes", *Journal of International Development*, 1996, 8 (2): 289 – 305.

[127] Moon, T. H., Sohn, S. Y., "Technology Credit Scoring Model Considering Both SME Characteristics and Economic Conditions: The Korean Case", *Journal of the Operational Research Society*, 2010, 61 (4): 661 – 675.

[128] Nobuhiro Kiyotaki, "Credit Cycles", *Journal of Political Economy*, 1997, 105 (2): 211 – 248.

[129] Nobuyoshi Yamori, David McMillan, "Japanese SMEs and the Credit Guarantee System After the Global Financial Crisis", *Cogent Economics & Finance*, 2015, 3 (1): 1 – 37.

[130] Patrick Behr, André Güttler, "Credit Risk Assessment and Relationship Lending: An Empirical Analysis of German Small and Medium-Sized Enterprises", *Journal of Small Business Management*, 2007, 45 (2): 194 – 231.

[131] Porter, M. E., *Clusters and the New Economics of Competition.* Harvard Business Review, 1998: 11 – 20.

[132] Rajan, R., and L. Ziagales, "Financial Dependence and Growth", *American Economic Review*, 1998 (88): 559 – 586.

[133] Rasiah Devinaga, Teck Ming Tan, "Review of Credit Guarantee Corporation Malaysia (CGCM) Initiatives to Enhance Small and Medium Enterprises Performance", *International Journal of Business and Management*, 2012, 7 (20): 101 – 111.

[134] Rosenfeld, Stuart, A., "Bringing Business Clusters into the Mainstream of Economic Development", *European Planning Studies*, 1997, 51: 3 – 23.

［135］ Rugy, D. V. , "The SBA'S Justification IOU", *Regulation*, 2007, 30 (1): 26 – 34.

［136］ Salvatore Zecchini, Marco Ventura. The Impact of Public Guarantees on Credit to SMEs", *Small Business Economics*, 2009, 32 (2): 191 – 206.

［137］ Shleifer, A. , R. Vishny, "Large Shareholders and Corporate Control", *Journal of Political Economy*, 1986, 94 (3): 461 – 488.

［138］ So Young Sohn, Hong Sik Kima, "Random Effects Logistic Regression Model for Default Prediction of Technology Credit Guarantee Fund", *European Journal of Operational Research*, 2007, 183 (1): 472 – 478.

［139］ Stiglitz, J. E. , "Peer monitoring and credit markets", *The World Bank Economic Review*, 1990, 4 (3): 351 – 366.

［140］ S. Bhagat, B. Black. "The Uncertain Relationship Between Board Composition and Firm Performance", *Business Lawyer*, 1999, 54 (3): 921 – 963.

［141］ S. Fabiani, G. Pellegrini, E. Romagnano, L. F. Signorini, *Efficiency and Localisation: the Case of Italian Districts*. In The Competitive Advantage of Industrial Districts. Germany: CUHK Libraries, 2000.

［142］ Tian, L. , Estrin, S. , "Retained state shareholding in Chinese PLCs: does government ownership always reduce corporate value?", *Journal of Comparative Economics*, 2008 (36): 74 – 89.

［143］ Turgay Gecer, "Credit System and Credit Guarantee Programs", *Istanbul Commerce University Journal of Social Sciences*, 2012, 21 (1): 215 – 228.

［144］ Uzzi, B. , Gillespie, J. J. , "Social Embeddedness and Corporate Financing: The Benefits of Social Networks in the Acquisition and Cost of Capital", *Ipr Working Papers*, 1998.

[145] Wang Di, "Design of Dynamic Counter – Guarantee Reserves of Loans to SMEs", *Journal of Chemical and Pharmaceutical Research*, 2014, 6 (5): 1621 – 1625.

[146] Weston, J. F. , "The Tender Takeover", *Mergers and Acquisitions*, 1979 (15): 74 – 82.

[147] Williamson, *Markets and Hierarchies: Analysis and Antitrust Implications.* New York, NY: Collier Mac. Millan Publishers, Inc, 1975.

[148] Yehning Chen, "Collateral, Loan Guarantees, and the Lenders' Incentives to Resolve Financial Distress", *Quarterly Review of Economics and Finance*, 2006, 46 (1): 1 – 15.

[149] Zhenyu Zhang, "Strategic interaction of capital structures: A spatial econometric approach", *Pacific-Basin Finance Journal*, 2012 (20): 707 – 722.

后 记

　　本书研究了互助担保融资风险困扰中小企业可持续发展的特有现象，对中小企业集群互助担保融资的诱因、过度担保导致的违约危机及其治理机理进行了规范与实证研究，深化了中国特色的财务与金融体系的学术研究。本书围绕互助担保融资为什么长期存在、如何防范过度担保导致的违约危机、如何从制度环境与企业微观层面对互助担保融资的违约风险进行治理等问题展开探讨，为中小企业转型升级以及民间资本金融创新提供参照，为政府主管部门制定政策提供科学系统的理论指导。

　　本书在研究过程中采用了计量经济学工具分析中小企业集群互助担保融资危机的传导路径，采取了依据理论论证"提出假设—大样本检验（来自浙江、江苏两省中小企业管理局、工商局以及行业商会的统计数据）—通过典型调查获得的数据指标调整再检验（小样本测试）—实证结果与分析—实证结论"的研究思路。研究选取 2006～2018 年中小企业集群相对比较集中的长三角地区互助担保融资的相关大样本数据，重点进行了"中小企业集群互助担保融资诱因测度"和"互助担保与中小企业集群融资危机的关系测度"的实证研究。与此同时，选取温州、宁波、嘉兴、苏州、扬州、南通等不同地区的典型案例获得小样本数据，分析 2010～2018 年中小企业集群互助担保融资危机事前、事中和事后的微观治理机制与政府宏观层面的制度措施以及产生的效应。

　　本书在研究过程中围绕相关方向先后成功申报了多项省部级课题，并进行延伸研究，公开发表 11 篇学术论文，整理了大量的相关数据库，为以后的相关研究提供了条件保障。本书的部分研究成果已转化为教学

中小企业集群互助担保融资及违约治理研究

内容，利用开设学术讲座、引导学生进行相关内容的毕业论文设计、更新教材内容等方式让学生了解最新的研究成果，充分体现了研究成果支撑专业的导向作用。

本书在研究过程中，得到了嘉兴学院潘煜双、王筱萍、姚瑞红、李玉双、张敏彦、崔晓钟、王喜等老师的大力支持，陈芳、王黄茜、章云君和于雪四名硕士研究生先后参与了项目研究。浙江省金融地方监管局周朝晖、嘉兴市经济和信息化委员会谢东华为本书研究提供了大量的实地调研与数据分析。经济科学出版社编辑赵蕾女士对本书的出版给予了高度关注，付出了辛勤的劳动，在此致以诚挚的谢意！

由于时间仓促，水平有限，本书难免有错漏和不足。恳请广大读者批评指正。

徐　攀

2020 年 10 月 31 日

图书在版编目（CIP）数据

中小企业集群互助担保融资及违约治理研究/徐攀著.
—北京：经济科学出版社，2020.10
ISBN 978 - 7 - 5218 - 1860 - 4

Ⅰ.①中…　Ⅱ.①徐…　Ⅲ.①中小企业 - 贷款担保 -
研究 - 中国　Ⅳ.①F832.4

中国版本图书馆 CIP 数据核字（2020）第 170613 号

责任编辑：赵　蕾
责任校对：王肖楠
责任印制：范　艳　张佳裕

中小企业集群互助担保融资及违约治理研究
徐攀/著
经济科学出版社出版、发行　新华书店经销
社址：北京市海淀区阜成路甲 28 号　邮编：100142
总编部电话：010 - 88191217　发行部电话：010 - 88191540
网址：www.esp.com.cn
电子邮箱：esp@ esp.com.cn
天猫网店：经济科学出版社旗舰店
网址：http://jjkxcbs.tmall.com
北京季蜂印刷有限公司印装
710×1000　16 开　14 印张　190000 字
2021 年 7 月第 1 版　2021 年 7 月第 1 次印刷
ISBN 978 - 7 - 5218 - 1860 - 4　定价：63.00 元
（图书出现印装问题，本社负责调换。电话：010 - 88191510）
（版权所有　翻印必究　举报电话：010 - 88191586
电子邮箱：dbts@ esp.com.cn）